Berufseinstieg Polizei
Das Praxishandbuch

Stefan Hermanns

Berufseinstieg Polizei – das Praxishandbuch

Alles zum Start in den Beruf: Bewerbung, Ausbildung und Duales Studium, Finanzen, Karriereplanung, Berufsalltag und mehr | Mit Insiderwissen & Erfahrungsberichten

AUSBILDUNGS Park

Stefan Hermanns
Berufseinstieg Polizei – das Praxishandbuch | Alles zum Start in den Beruf: Bewerbung, Ausbildung und Duales Studium, Finanzen, Karriereplanung, Berufsalltag und mehr | Mit Insiderwissen & Erfahrungsberichten

Ausgabe 2024

2. Auflage

Gestaltung: bitpublishing
Lektorat: Andreas Mohr

Bildnachweis:
Archiv des Verlages
Umschlagfotos: © Jonas Witzgall; Kundoy – Envato Elements
S. 9 (Jochen Kopelke): © GdP / Kay Herschelmann

Bibliografische Information der Deutschen Nationalbibliothek –
Die Deutsche Nationalbibliothek verzeichnet diese Publikation in der Deutschen Nationalbibliografie; detaillierte bibliografische Daten sind im Internet über http://dnb.dnb.de abrufbar.

Gedruckt auf chlorfrei gebleichtem Papier

Bettinastraße 69, 63067 Offenbach am Main
Printed in Germany

Satz: bitpublishing, Schwalbach
Druck: Ausbildungspark Verlag, Offenbach

ISBN 978-3-95624-163-5

1084 – AP BEP – 4g05

Inhaltsverzeichnis

Grußwort von Jochen Kopelke, Bundesvorsitzender der Gewerkschaft der Polizei (GdP)

Hallo, ich heiße Jochen Kopelke, bin Polizeibeamter und übe seit September 2022 das Amt des Bundesvorsitzenden der Gewerkschaft der Polizei (GdP) aus. Schon gewusst? Die GdP ist die größte Arbeitnehmervertretung von Polizeibeschäftigten weltweit.

Als junger Mensch, nach dem Abitur, habe ich – wie vielleicht du – den Schritt gewagt und bin in den Polizeidienst getreten. Natürlich habe ich mich über die Polizei, die Einstellungsvoraussetzungen, Auswahltests und Möglichkeiten informiert. Das ist heutzutage viel einfacher. Viel wichtiger jedoch: Ich habe erkannt, bei der Polizei zu sein, das ist nicht einfach nur ein Job. Ich stehe im Kolleg:innenkreis jedenfalls nicht allein, wenn ich sage, Polizei ist Berufung.

Mir war schnell klar: Immer wenn ich meinen Dienst antrete, führe ich ein mir vom Staat verliehenes Amt aus. Mir verlangt das noch heute Respekt vor der Aufgabe ab. Und den sollte man stets beibehalten. Dir wird ein Werkzeugkoffer voller rechtlicher Instrumente in die Hände gegeben, mit dem du umsichtig umgehen musst. Denn dein Handeln schränkt womöglich andere in ihrem Tun ein. Das ist vom ersten bis zum letzten Tag deiner Polizeilaufbahn der Fall.

Schon während du deine Ausbildung machst, spüren du und deine Kolleg:innen, dass ihr ein wichtiger Teil unseres demokratischen Systems seid. Du bist verantwortlich für das, was Menschen mit am wichtigsten ist: ihre Sicherheit, ihre Freiheit und die Gewähr, dass sie ihre verfassungsmäßigen Rechte ausüben können.

Wenn ich heute zurückdenke, dann weiß ich noch, dass ich es gut fand, bei der Polizei eine duale Ausbildung durchlaufen zu können. Neben den wichtigen Grundlagen, die mir an der Fachhochschule vermittelt wurden, konnte ich während der praktischen Anteile schon einiges vom Polizeialltag erfahren. Ein weiterer Grund, die damals noch grüne Uniform überzustreifen, war, dass ich gutes Geld verdient habe. Aus einer Polizistenfamilie stamme ich nicht. Ich bin aber in eine Polizeifamilie hineingekommen. Und ich bin froh, dass ich das getan habe. Meine Erwartungen wurden erfüllt.

Kaum ein anderer Beruf verschafft dir so viele Erfahrungen wie der einer Polizistin oder eines Polizisten. Und es ist ein echt gutes Gefühl, wenn dir die Menschen draußen Vertrauen schenken. Du bist Helfer:in in der Not. Mit deiner Kompetenz, Tatkraft und Mitmenschlichkeit hilfst du Mitbürger:innen aus der Patsche.

Du wirst jedoch auch Situationen kennenlernen, die dir einiges abverlangen. Den Umgang mit vielem davon kannst du lernen, mit anderen teilen, oder es werden dir Hilfestellungen innerhalb der Behördenfamilie angeboten. Auch unsere GdP greift dir unter die Arme. Bei allem, was dich bewegt. Informiere dich bei unseren Vertrauensleuten – an der Schule oder auf der Dienststelle, ganz egal.

Vielleicht sehen wir uns – es würde mich freuen.

Jochen Kopelke

Vorwort: Was bringt dir dieses Buch?

Hallo!

Du interessierst dich für den Traumjob der Polizei oder bist bereits in der Ausbildung oder im Studium? Du weißt vielleicht schon etwas über Strafrecht, Dienstrecht oder Kriminalistik, kannst dir aber auf wichtige Fragen für deine polizeiliche Zukunft keinen Reim machen? Du kannst noch nicht abschätzen, ob der Beruf überhaupt das Passende ist? Dann ist dieses Buch genau richtig für dich!

Ich bin seit über zehn Jahren Polizist in Hessen und arbeite unter anderem als Lehrbeauftragter an der Polizeihochschule. Bei der Ausbildung junger Polizistinnen und Polizisten werden mir immer wieder die gleichen Fragen gestellt. Solche Fragen wirst du mit Sicherheit auch haben – und die Antworten können deine berufliche Zukunft maßgeblich prägen!

Als ich damals in die Welt der Polizei eingetaucht bin, musste ich mir alles Schritt für Schritt erschließen. Ich habe mich um eine Krankenkasse und eine Gewerkschaft gekümmert, mir den sogenannten Dienstweg erklärt, vermögenswirksame Leistungen beantragt und vieles mehr ... Ich hatte eine Menge Fragen: Welche Stellen machen Spaß? Wie wird meine Zukunft aussehen? Wird mir dieser Beruf für immer gefallen?

Vieles musste ich mir in dieser neuen Polizei- und Beamtenwelt selbst erarbeiten und hätte im Nachhinein so manche Entscheidung anders getroffen. Wenn ich damals, nach dem Abitur, dieses Buch gehabt hätte – mir wäre viel Mühe erspart geblieben. Aber um es vorwegzunehmen: Zur Polizei wäre ich dann noch viel motivierter gegangen! Der Beruf ist und bleibt eine Berufung und ein Traumjob!

In diesem Buch habe ich die wichtigsten und häufigsten Fragen zum Traumjob Polizei gesammelt und für dich beantwortet. Sie sind thematisch geordnet, damit du dich schnell zurechtfindest. So wirst du deine Entscheidung, Polizistin oder Polizist zu werden, auf sichere Füße stellen können, dich mit vielen Hintergrundinfos auf das Einstellungsverfahren vorbereiten können und zu Ausbildungs- oder Studienbeginn alles Wichtige für deine Zukunft wissen.

Viel Spaß beim Lesen!

Stefan

Kontakt

Ausbildungspark Verlag GmbH
Kundenbetreuung
Bettinastraße 69
63067 Offenbach am Main

Telefon +49 (69) 40 56 49 73
Telefax +49 (69) 43 05 86 02
kontakt@ausbildungspark.com
www.ausbildungspark.com

Ein paar Hinweise vorab

In Deutschland gibt es nicht „die eine" Polizei; sie ist in jedem Bundesland eingeständig organisiert. Neben den 16 Landespolizeien existieren drei Polizeien des Bundes: die Bundespolizei, das Bundeskriminalamt (BKA) und die Polizei beim Deutschen Bundestag. Sie alle unterscheiden sich im Aufbau, in der Organisation, in der Besoldung und auch in den gesetzlichen Rahmenbedingungen. In diesem Buch werden die verschiedenen Polizeien neutral als *Dienstherr* im weitesten Sinne von „Arbeitgeber" bezeichnet.

Unterscheiden können sich auch interne Regelungen, Vorgaben, Bezeichnungen etc. So heißen die Laufbahnen je nach Polizei zum Beispiel „mittlerer und gehobener Dienst", „Laufbahngruppe 1 und 2", „2. und 3. Qualifizierungsebene" oder „Einstiegsamt".

Dieses Buch möchte dir einen generellen Überblick geben. Du erhältst zahlreiche Beispiele für verschiedene Dienstherren und Gesamtübersichten zu allen Polizeien. Bei Detailfragen empfiehlt sich eine individuelle Recherche bei deiner jeweiligen Behörde oder in den jeweils geltenden Gesetzen (sowie in den internen Dienstanweisungen, falls du schon im Beruf bist).

Die Geschlechtergerechtigkeit ist sehr wichtig. Aus Gründen der besseren Lesbarkeit wird in diesem Buch häufig das generische Maskulinum (z. B. *Beamte* oder *Polizisten*) oder auch nur die weibliche Form (z B. *Kommissarin*) genutzt, womit aber selbstverständlich wertfrei alle Geschlechter gemeint sind. Den Begriff „Dienstherr", einen festen juristischen Begriff, gibt es wiederum nur in männlicher Form.

Auf einen Blick: Die FAQs zum Berufseinstieg

Wie ist der Polizeiberuf?

Vielfältig, spannend und eine eigene Welt für sich. Vielleicht sogar der beste Beruf überhaupt. Der Arbeitsplatz reicht vom Schreibtisch über den Streifenwagen bis hin zu Hubschraubern, Pferdestaffeln und anderen Bereichen. In Deutschland gibt es 19 verschiedene Polizeien, jede hat ihre Besonderheiten. Mehr Infos findest du im Kapitel „Was ist die Aufgabe der Polizei?" ab Seite 24.

Welche Aufgaben hat man als Polizist/in?

Die Kernaufgaben der Polizei sind vor allem die Strafverfolgung und die Gefahrenabwehr (Verbrecher festnehmen, Straftaten aufklären, Personenkontrollen und vieles mehr). Bei den Landespolizeien kommt noch die Überwachung des Straßenverkehrs hinzu. Die Polizeien des Bundes – Bundespolizei (BPOL), Bundeskriminalamt (BKA) und Polizei beim Deutschen Bundestag – haben viele spezielle Aufgaben, die sie von den Landespolizeien deutlich unterscheiden. Dass der Arbeitsalltag bei einer Bundesbehörde anders aussieht, sollte dir bei einer Bewerbung auf Bundesebene klar sein. Mehr zu den einzelnen Tätigkeitsschwerpunkten erfährst du im Kapitel „Was ist die Aufgabe der Polizei?" ab Seite 24.

Wie wird man Polizist/in?

Der Weg zur Polizei beginnt wie bei jedem anderen Beruf: Du bewirbst dich. Je nach Laufbahn und Behörde werden bestimmte Bildungsabschlüsse erwartet, daneben gelten weitere formale Kriterien: zum Beispiel bestimmte Altersgrenzen, manchmal eine Mindest-Körpergröße, außerdem geordnete wirtschaftliche Verhältnisse und die Staatsbürgerschaft. Zudem musst du charakterlich geeignet sein.

War deine Bewerbung erfolgreich, wirst du zum Eignungsauswahlverfahren (EAV) eingeladen. Den Auftakt macht meist ein PC-gestützter Einstellungstest mit Aufgaben zu Sprache, Mathematik, Logik und weiteren Themen. Ein Sporttest prüft deine körperliche Fitness (manchmal genügt auch die Vorlage eines Sportabzeichens). Für den gehobenen Dienst sind oft noch Assessment-Center-Übungen wie Gruppendiskussionen, Rollenspiele oder Postkorbübungen eingeplant. Eine ärztliche Untersuchung prüft deine gesundheitliche Diensteignung.

Nach der Einstellungszusage beginnst du im mittleren Dienst deine Ausbildung (fast immer 2,5 Jahre) und im gehobenen Dienst dein Studium (in der Regel 3 Jahre). Beides ist dual aufgebaut, beinhaltet also sowohl Theorievermittlung als auch Praxiserfahrungen an Dienststellen. Details zum Auswahlprozess findest du im Kapitel „Das Einstellungsverfahren" ab Seite 69.

Im Anschluss an deine Laufbahnausbildung wirst du zunächst wahrscheinlich einen freien Dienstposten in den Ballungszentren oder in der Bereitschaftspolizei besetzen, wobei du auch Wünsche äußern kannst. Die Verwendung in der Bereitschaftspolizei ist in vielen Bundesländern die Regel und ein Erlebnis für sich: mit vielen sozialen Kontakten in einem jungen Team, etlichen gemeinsamen Einsätzen und einem starken Gruppengefühl. Die langen Anfahrten zum Einsatzort, das Warten auf den Einsatzbeginn schweißen zusammen – und deine effektive Arbeitszeit mit echtem polizeilichen Auftrag ist überschaubar.

Warum sollte man Polizist/in werden?

Weil es einer der schönsten Berufe überhaupt ist und es eine Menge guter Argumente dafür gibt. Der Beruf ist sehr abwechslungsreich und spannend, er bedeutet ständige Teamarbeit und kann auch sinnerfüllend sein. Davon abgesehen bringt der Beamtenstatus im Berufsleben und später im Pensionsalter deutliche Vorteile. Siehe dazu die Kapitel „Welche Vor- und Nachteile hat der Polizeiberuf?" ab Seite 27 und „Welche Vorteile gibt es im Ruhestand?" ab Seite 63.

Wann sollte man kein/e Polizist/in werden?

Wenn man statt der Vorteile eher die Nachteile sieht, die es natürlich auch im Polizeiberuf gibt: neben einer erhöhten Gefährdung im Job zum Beispiel oft langwierige Karrierewege und die Verpflichtung an einen Dienstherrn (Bundesland oder Bund). Ein Wechsel ist nur (sehr) schwer möglich und in der Privatwirtschaft sind die Berufsmöglichkeiten mit einer abgeschlossenen Polizeiausbildung überschaubar.

Viele Berufsanfänger überrascht der hohe Anteil der Schreibarbeit. Darüber hinaus sind die individuellen Arbeitsergebnisse kaum dauerhaft sichtbar, und die mehr oder weniger strenge Hierarchie kann deine Individualität und persönliche Entfaltung einschränken. Allerdings bietet die Polizei so vielfältige Arbeitsbereiche, dass im Prinzip jeder nach ein paar Jahren sein „Steckenpferd" finden kann. Mehr im Kapitel „Wie ist eine Polizeibehörde aufgebaut, und welche Bereiche gibt es?" ab Seite 37.

Wie gefährlich ist der Job?

Vor allem der Streifen- oder Verkehrsdienst bringt Risiken durch Auseinandersetzungen oder den Straßenverkehr mit sich. Insbesondere psychisch kranke Personen sind oft unberechenbar. Bei der Bereitschaftspolizei kann es zu Angriffen von Demonstrierenden oder Sportfans kommen. In der Regel wird jeder (Schutz-)Polizist in seinem Dienstleben mehrmals beleidigt, bespuckt oder angegriffen. Zu ernsthaften Verletzungen kommt es allerdings glücklicherweise kaum, und Todesfälle sind extrem selten – statistisch gesehen arbeiten Handwerker auf Baustellen deutlich gefährlicher.

Am risikoärmsten ist der Polizeiberuf naturgemäß dort, wo die Büroarbeit überwiegt, also im Innendienst oder in den Ermittlungsdiensten, oft auch bei der Kriminalpolizei. Was dich im Polizeipraktikum erwartet, erfährst du im Kapitel „Was erlebe ich in den Praktika?" ab Seite 103.

Wie viele Polizist/innen gibt es in Deutschland?

Inklusive der Polizeiverwaltung arbeiten in Deutschland ungefähr 340.000 Polizeibeamte, der Frauenanteil liegt bei ungefähr 30 %. Die Polizeidichte pro 100.000 Einwohnern reicht von 247 Beamten (Nordrhein-Westfalen) bis zu 566 Beamten (Berlin).[1] In den letzten Jahren haben die Polizeien viele neue Anwärter eingestellt. Allein bei der Bundespolizei kletterte die Zahl der Bediensteten von 40.400 im Jahr 2013 auf rund 54.000 im Jahr 2022, darunter 9.000 Anwärter.[2] Gründe für den Zuwachs sind unter anderem das gestiegene Sicherheitsinteresse und vermehrte Aufgaben durch die Migration nach Europa und Deutschland.

Sind Polizist/innen Beamte?

Ja! Und das ist auch gut so und hat bedeutende Auswirkungen auf das Berufsleben, das sich deutlich unterscheidet von Arbeitnehmern in der freien Wirtschaft oder Selbstständigen. So haben Beamte unter anderem in der Freizeit besondere Pflichten, müssen gegebenenfalls unbeliebte Dienste übernehmen und können auch ohne Zustimmung auf einen Dienstposten gesetzt werden. Im Gegenzug können sie ihren Arbeitsplatz nur unter sehr hohen Voraussetzungen verlieren und genießen viele weitere Sicherheiten und Vorteile. Alles zu den Besonderheiten eines Beamtenberufs im Kapitel „Das Beamtentum“ ab Seite 45.

Wie hoch ist das Gehalt?

Wenn auch gefühlt immer zu wenig, ist es im Vergleich mit dem durchschnittlichen Arbeitsmarkt sehr solide! In der Ausbildung oder im Studium stehen derzeit um die 1.200 € bis 1.500 € pro Monat netto zu Buche, danach liegt die Vergütung – abhängig von Besoldungsgruppe, Zuschlägen und Familiensituation – bei ca. 2.200 € bis 2.600 € netto und steigt dann kontinuierlich. Nach zehn Jahren geht es schon in Richtung

3.000 € netto, mit Beförderungen und Kindern sogar in Richtung 4.000 € netto. Beachte: Die Besoldung ist bei jedem Dienstherrn etwas anders. Mehr dazu im Kapitel „Finanzen“ ab Seite 109.

Verdient man bei der Kriminalpolizei mehr?

Nein, denn bei der „Kripo“ gibt es dieselben Besoldungsstufen wie bei der Schutzpolizei. Allerdings arbeiten bei der Kriminalpolizei zum allergrößten Teil Beamte im gehobenen Dienst. Mehrere Bundesländer bieten für Abiturienten einen Direkteinstieg zur Kriminalpolizei oder als Cyberkriminalist an. Näheres zum Verhältnis von Schutz- und Kriminalpolizei erfährst du im Kapitel „Schutzpolizei oder Kriminalpolizei: Was ist der Unterschied?“ ab Seite 35 sowie im Kapitel „Kann man zwischen der Schutz- und der Kriminalpolizei wechseln?“ ab Seite 154.

Wie und wo kann ich mich bewerben?

Bei den Polizeien der 16 Bundesländer, bei der Bundespolizei, beim BKA und bei der Polizei des Deutschen Bundestages. Die Bewerbung läuft mittlerweile überall fast vollständig digital ab, und dank des demografischen Wandels sind die Jobchancen ausgezeichnet: Wie die Privatwirtschaft sucht auch die Polizei händeringend geeigneten Nachwuchs, die Einstellungsvoraussetzungen wurden zum Teil deutlich gelockert. Weitere Infos und Links zu den Kontaktdaten im Kapitel „Das Einstellungsverfahren“ ab Seite 69.

Wie komme ich zu den Spezialeinheiten?

Über Spezialeinheiten verfügen die Landespolizeien, die Bundespolizei und das BKA. Interessiert? Dann musst du zunächst die normale Polizeiausbildung bzw. das Studium bestehen, ehe du dich bewerben kannst. Für die Auswahlverfahren und zusätzlichen Ausbildungen brauchst du eine ausgeprägte körperliche und geistige Fitness – nur wenige schaffen es bis zur Zusage. Näheres zu den Spezialeinheiten im Kapitel „Wie ist eine Polizeibehörde aufgebaut, welche Bereiche gibt es?" ab Seite 37.

Kann ich als Ausländer/in zur Polizei?

Ja, meist ist das kein Problem, vor allem für EU-Bürger. Als „Drittstaatler" (ohne deutschen oder EU-Pass) kommt es auf den Einzelfall an. Viele Polizeien erwarten, dass ausländische Bewerber nicht nur Deutsch, sondern auch die Sprache ihres Herkunftslandes sprechen und oft auch schreiben können. Mehr dazu im Kapitel „Welche Voraussetzungen muss ich erfüllen?" ab Seite 71.

Ist die Ausbildung / das Studium anstrengend?

Ja und nein! Manches wird dir leichter fallen, bei Anderem musst du dich durchbeißen. Auch beim Sport wirst du die eine Disziplin mögen, die andere dafür verfluchen. Vor allem ist die Laufbahnausbildung eine sehr intensive Zeit, die neben den Herausforderungen der Prüfungen auch eine Menge Spaß mit sich bringt und dich lange prägen wird. Mehr dazu im Kapitel „Der Start in die Ausbildung / das Studium" ab Seite 93.

Was ist die Vereidigung?

Die feierliche Vereidigung ist ein Höhepunkt während deiner Laufbahnausbildung: Mit weißem Diensthemd und Krawatte – oder bei Kriminalbeamten angemessener Zivilkleidung – legst du in Formation mit den anderen Anwärtern öffentlich deinen Diensteid ab. Die Eidformel ist bundesweit ähnlich (siehe z. B. § 64 BBG). Die Zeremonie kann beispielsweise in einer Veranstaltungshalle, einem Stadion oder im Stadtzentrum stattfinden. Du kannst Freunde und Familie einladen, oft endet der Tag mit einem gemeinsamen Restaurantbesuch.

Davon zu unterscheiden ist die Indienststellung: Zum Ende deiner Laufbahnausbildung wirst du feierlich in Dienst gestellt. Als Schutzpolizist bzw. Schutzpolizistin erhältst du nun deine Schulterklappen mit Stern. Viele organisieren mit ihren Kollegen eine große Abschlussfeier. Mehr zum Ablauf und zu den Inhalten der Laufbahnausbildung erfährst du im Kapitel „Der Start in die Ausbildung / das Studium" ab Seite 93.

Was kann ich bei Konflikten tun?

Beim Start in den Beruf ist alles neu, und du musst dich erstmal finden. Stress bleibt nicht aus. Eventuell bekommst du dich mit Kollegen in die Haare, die Chemie zwischen dir und deinem Praktikums-Mentor passt nicht, im Privaten läuft es unrund oder du erlebst sogar Mobbing oder Diskriminierungen. Keine Sorge! An jedem Ausbildungsstandort gibt es mindestens eine Vertrauensperson, mit der du dich in Ruhe austauschen kannst und die dich unterstützt. Darüber hinaus stehen dir für spezielle Fälle eigene Anlaufstellen zur Seite, mehr dazu im Kapitel „Welche Ansprechpartner gibt es bei Problemen?" ab Seite 42.

Was sollte ich als Polizist/in auf jeden Fall vermeiden?

Beamte unterliegen dem Disziplinarrecht, über das du im Kapitel „Was ist das Disziplinarrecht?" ab Seite 55 mehr erfährst. Was du auf jeden Fall vermeiden solltest, sind zum Beispiel Straftaten oder Äußerungen gegen die freiheitlich demokratische Grundordnung (fdGO). Unter Umständen können auch häufiges Zuspätkommen oder mangelnde Leistungen Anlass geben, um als charakterlich ungeeignet eingestuft zu werden.

Basiswissen Polizei

Was ist die Aufgabe der Polizei?

Fangen wir ganz vorne an: Der Begriff „Polizei“ geht zurück auf die griechische Antike und das Wort „polis“ für „Stadt“ oder „Staat“ bzw. „politeia“ für „Ordnung des (Stadt-)Staates“. In der ungefähren Bedeutung „Staatsverwaltung“ hat sich der Ausdruck dann im Laufe der Jahrhunderte in fast allen europäischen Sprachen als „Policia“, „Police“ oder eben „Polizei“ verfestigt. Heutzutage hat die Polizei die Aufgabe, die Innere Sicherheit aufrechtzuerhalten. Dieses ziemlich weite Feld lässt sich bei der Polizei grob in vier Bereiche unterteilen: Repression, Prävention, Schutz privater Rechte und sonstige Aufgaben.

Prävention ←→ Repression

Der Unterschied zwischen diesen beiden Zielen der Polizeiarbeit ist enorm wichtig! In der Prävention sollen Gefahren abgewehrt werden, ohne dass etwas sanktioniert werden kann (z. B. Ausnüchterung, Platzverweis). In der Repression ist etwas verboten und kann bestraft werden, wobei man zwischen Ordnungswidrigkeiten (z. B. Handyverstoß beim Autofahren, Ruhestörung) und Straftaten (z. B. Diebstahl) unterscheidet.

Repression (das „Zurückdrängen“)

Darunter versteht man die Strafverfolgung und die Ahndung von Ordnungswidrigkeiten: zum Beispiel die Festnahme eines Diebes oder das Anhalten eines Autofahrers, der keinen Sicherheitsgurt angelegt hat. Die Repression wird meist als typische Rolle der Polizei gesehen. Allerdings übernehmen auch andere Behörden entsprechende Aufgaben, vor allem die Staatsanwaltschaft oder auch der Zoll bei Steuerdelikten oder Schmuggel.

Alles, was verboten und mit einer Strafe belegt ist, findet sich in Gesetzen (objektive Rechtsordnung). Das bekannteste strafende Gesetz ist das Strafgesetzbuch (StGB), das die meisten Straftaten beinhaltet, darunter Körperverletzung, Sachbeschädigung, Mord oder Vergewaltigung. Außerdem gibt es eine Vielzahl an Nebengesetzen mit Strafandrohungen, zum Beispiel das Betäubungsmittelgesetz (BtMG).

Verstößt jemand gegen ein Gesetz, muss die Polizei entsprechende Maßnahmen ergreifen. Der juristische Werkzeugkasten ist die Strafprozessordnung (StPO): Sie regelt, was die Polizei konkret darf und welche Rahmenbedingungen sie dabei einhalten muss. „Klassische" Maßnahmen sind die Identitätsfeststellung, die Durchsuchung, die erkennungsdienstliche Behandlung (vor allem Fotos und Fingerabdrücke der beschuldigten Person) oder die vorläufige Festnahme.

Die endgültige Entscheidungskompetenz über repressive Maßnahmen im Strafrecht hat immer die Staatsanwaltschaft. Als sogenannte „Herrin des Verfahrens" kann sie zum Beispiel bei Gericht Durchsuchungs- oder Untersuchungshaftbeschlüsse beantragen, Beschuldigte bei Gericht anklagen oder auch das Strafverfahren einstellen (dies darf die Polizei nicht).

Ordnungswidrigkeiten (z. B. „Blitzerfotos") werden hingegen von den Bußgeldstellen der Länder bzw. Gemeinden/Städte bearbeitet.

Legalitätsprinzip (Straftaten) vs. Opportunitätsprinzip (Ordnungswidrigkeiten)

Die Polizei unterliegt dem Strafverfolgungszwang (Legalitätsprinzip): Bei Straftaten muss sie einschreiten und eine Strafanzeige stellen. Bei Ordnungswidrigkeiten hat sie hingegen einen Ermessensspielraum – sie kann einschreiten, muss aber nicht (Opportunitätsprinzip).

Prävention (das „Zuvorkommen")

Im Falle der Repression ist bereits etwas passiert, durch geeignete Prävention soll es möglichst gar nicht erst zu Gefahren oder Straftaten kommen. Auch dabei übernimmt die Polizei neben vielen weiteren Behörden eine wichtige Rolle. Sie versucht, Bürgerinnen und Bürger im Vorfeld auf Risiken aufmerksam zu machen, etwa durch Beratung zum Einbruchschutz, Aufklärung über Cybercrime oder den „Fahrradführerschein".

In bestimmten Situationen kann die Polizei auch präventiv gegen einzelne Personen vorgehen, um Ordnungswidrigkeiten oder Straftaten zu verhindern. Bekannte Maßnahmen sind zum Beispiel die Personenkontrolle, die Durchsuchung, der Platzverweis oder die Ausnüchterung: Auch wenn sie (noch) gegen kein Gesetz verstoßen hat, aber sich selbst oder andere gefährdet, muss die deutlich alkoholisierte oder unter Drogeneinfluss stehende Person im Gewahrsam ausnüchtern. Die Kosten von rund 150 € bis 250 € können übrigens in Rechnung gestellt werden.

Die präventiven Maßnahmen regelt das Polizeigesetz der jeweiligen Polizei. Man spricht dabei auch von polizeilichem Verwaltungshandeln bzw. Verwaltungsakten – diesen Begriff wirst du in deinen Lehrgängen noch öfter hören und ihn verfluchen oder lieben lernen. Die Polizeigesetze der Bundesländer sind allgemein recht ähnlich.

Schutz privater Rechte

Grundsätzlich private Vorkommnisse, die kein strafbares Handeln darstellen und kein polizeiliches Einschreiten erzwingen, sind meist privatrechtliche Angelegenheiten. Hier spielt die Polizei, wenn überhaupt, nur eine Nebenrolle. Ein Beispiel: In einer Wäscherei bemerkt eine Kundin bei der Abholung ihres Mantels eine frische Beschädigung, verlangt Schadensersatz und möchte die Rechnung nicht bezahlen. Der Angestellte wiederum lehnt dies ab und fordert die Reinigungsgebühr.

Kommt es zu keiner Einigung, kann die Polizei hinzugezogen werden, um die Personalien aufzunehmen und sie beiden Parteien zur zivilrechtlichen, privaten Klärung (z. B. mittels Anwalt) zu übergeben. Weitere Aufgaben haben die Beamten in diesem Fall nicht.

Sonstige Aufgaben

Eine große Rolle im täglichen Streifendienst spielt die Überwachung des fließenden Verkehrs durch Kontrollen nach der Straßenverkehrsordnung (StVO). Bei Unfällen liegt allerdings entweder eine Ordnungswidrigkeit oder eine Straftat vor – beides fällt in den Bereich der Repression.

Daneben springt die Polizei häufig für andere Behörden ein, die nicht rund um die Uhr verfügbar sind. Findet zum Beispiel am Wochenende eine spontane Demonstration statt, ist die zuständige Versammlungsbehörde (in der Regel Teil des Ordnungsamtes der jeweiligen Stadt oder Gemeinde) meist nicht erreichbar. Nun kann die Polizei Kontakt mit den Demonstrierenden aufnehmen und bei Bedarf Auflagen wie zum Beispiel bestimmte Wegstrecken festlegen.

Die Polizei kann auch um Amtshilfe ersucht werden. Beispiel: Das Jugendamt möchte ein Kind aus einer Familie holen, da es dort nicht ausreichend versorgt wird. Die Mitarbeiter fürchten eine Gegenwehr der Eltern. Die Polizei wird zur Absicherung im Sinne der Amtshilfe angefragt und ist bei der Maßnahme präsent.

Welche Vor- und Nachteile hat der Polizeiberuf?

Auf der nächsten Seite findest du Stichpunkte zu den allgemeinen (objektiven) und individuellen (subjektiven) Pros und Contras des Polizeiberufs (alle Aspekte zu nennen, würde den Rahmen sprengen). Wäge die Vor- und Nachteile vor deiner Bewerbung ab und überlege dir, was für dich wichtig ist: So hast du eine gute Entscheidungsgrundlage für deine Berufswahl – und kannst im Auswahlverfahren mit einer sauberen Argumentation glänzen.

Objektive Gründe	
Vorteile	**Nachteile**
¬ Sehr sicherer Arbeitsplatz, besonders ab der Lebzeitverbeamtung	¬ Sehr geringe örtliche Flexibilität (selbst im eigenen Bundesland)
¬ Unabhängigkeit von Arbeitsmarkt und Konjunktur	¬ Dienstort möglicherweise weit entfernt von der Heimat
¬ Transparente, berechenbare Besoldung	¬ Schichtdienst und belastende Dienstzeitmodelle
¬ Dauerhafte finanzielle Unterstützung bei Ehe- und Familiengründung, Arbeitsplatzgarantie nach Elternzeit, kinderbedingte Freistellung u. Ä.	¬ Eingeschränkte bzw. langwierige Karrieremöglichkeiten
¬ Pensionseintritt deutlich früher als normaler Renteneintritt, Pensionen im Schnitt höher als Renten	¬ Wechsel zwischen den Dienstherren nur sehr schwer möglich
¬ Grundsätzlich gute Absicherung im Krankheitsfall oder bei Verletzungen	¬ Keine großen Gehaltssprünge möglich
¬ Bessere Konditionen bei Darlehen und Versicherungen	¬ Als Beamter Übernahme von Pflichten auch in der Freizeit
¬ Nachvollziehbare und transparente „Arbeitsbedingungen“ (Beamtengesetze)	¬ Beamte können durch das Disziplinarrecht und das Strafrecht sanktioniert werden
¬ In Uniform meist Freifahrtmöglichkeit in der Deutschen Bahn (auch ICE) beim Pendeln zwischen Wohnort und Dienststelle	¬ Teilzeitmodelle grundsätzlich nur mit Kindern oder pflegebedürftigen Angehörigen
¬ Bereits ab Ausbildung/Studium erstes eigenes Geld und anschließend solider Verdienst	¬ Teils veraltete Technik/IT oder Dienstgebäude
	¬ Lange Arbeitszeiten mit 40 oder 41 Wochenstunden
	¬ Viel Bürokratie

Subjektive Gründe

Vorteile	Nachteile
¬ Sehr viele Möglichkeiten zur beruflichen Entwicklung innerhalb der Polizei	¬ Gleiche Besoldung für jeden in derselben Besoldungsstufe, unabhängig von erbrachter Leistung (kann ggf. auch Vorteil sein)
¬ Vielschichtige und abwechslungsreiche Tätigkeit	¬ Starke Abhängigkeit von dienstlichen Entscheidungen und Prozessen
¬ Teamarbeit, Einbindung in Gruppen	¬ Oft beschränkte Individualität und Kreativität
¬ Idealistische Motive: Eintreten für Gerechtigkeit, freiheitlich demokratische Grundordnung, eigene Werte	¬ Arbeitsergebnisse selten sichtbar
¬ (Freiwillige) Sportmöglichkeiten im Dienst	¬ Als Polizist/in steht man auch privat schnell im Mittelpunkt
¬ Besondere Einblicke in Lebensbereiche, die einem sonst verwehrt bleiben	

Ein Hinweis vorab: Wenn du ein Freigeist bist, dem Kreativität, Unabhängigkeit und Selbstverwirklichung viel bedeuten, oder wenn du mit deinen eigenen Händen etwas Handwerkliches oder Künstlerisches erschaffen willst, wird sich das bei der Polizei schwer umsetzen lassen.

Landespolizei, Bundespolizei, BKA: Wo liegen die Besonderheiten?

Kurz zum historischen Hintergrund: Nach dem Ende des Zweiten Weltkrieges war Deutschland in eine britische, französische, US-amerikanische und sowjetische Besatzungszone unterteilt. Beim Neuaufbau der Polizei verfolgten die Besatzungsmächte unterschiedliche Vorstellungen.

Die westlichen Staaten favorisierten statt einer zentral organisierten Polizei lieber kleine, selbstständige Behörden für jedes Bundesland. So wollten sie einer Ballung von Befugnissen in einer einzigen Hand wie im Nationalsozialismus entgegenwirken. Auf Bundesebene erhielt die Bundesrepublik Deutschland daher nur begrenzte Polizeikräfte, vor allem den Bundesgrenzschutz (seit 2005 Bundespolizei), das BKA als Informationssammelstelle und die Bahnpolizei zum Schutz der Züge und Gleisanlagen (ging 1992 in der Bundespolizei auf). In der ehemaligen DDR entstand dagegen eine zentral gelenkte „Volkspolizei" inklusive Schutz-, Verkehrs- und Kriminalpolizei.

Nach der Wiedervereinigung 1990 wurde die Polizei in den östlichen Bundesländern nach dem westdeutschen Prinzip des Föderalismus (Eigenständigkeit der Bundesländer) neu aufgebaut. Dieses Prinzip besteht bis heute bundesweit und zeigt sich unter anderem in unterschiedlichen Polizeiuniformen, Fahrzeugen, Besoldungsordnungen und Polizeigesetzen. Polizei ist in Deutschland größtenteils Ländersache.

Die Landespolizeien

Alle Landespolizeien (LaPo) haben in ihrem Bundesland nahezu identische Befugnisse und die gleichen Aufgaben: vor allem die Strafverfolgung, die Gefahrenabwehr und die Überwachung des Straßenverkehrs. Außerhalb der Landesgrenzen werden sie tätig, um andere Bundesländer bei Großeinsätzen zu unterstützen. Im Rahmen der sogenannten „Nacheile" dürfen flüchtende Personen selbstverständlich auch in ein anders Bundesland verfolgt und dort festgenommen werden.

Die Bundespolizei

Die Bundespolizei (BPOL) ist bundesweit zuständig, allerdings nur für bestimmte Aufgaben: Dazu zählen der Schutz der Außengrenzen, der Flughäfen und der Bahnanlagen sowie die Kriminalitätsbekämpfung im Zusammenhang mit illegaler Einwanderung (vor allem Schleusung). Darüber hinaus beteiligt sich die BPOL an internationalen Polizeimissionen, ist Teil der Küstenwache auf der Nord- und Ostsee und übernimmt den Objektschutz von Bundesgebäuden wie der Deutschen Bundesbank in Frankfurt am Main oder der Bundesministerien in Berlin bzw. Bonn. Eine wichtige Aufgabe ist außerdem die Unterstützung der Bundesländer bei Demonstrationen und anderen Großlagen.

Die Dienststellen der Bundespolizei verteilen sich über ganz Deutschland. Örtliche Schwerpunkte gibt es hauptsächlich an den deutschen Außengrenzen sowie an größeren Bahnhöfen und Flughäfen, allen voran Frankfurt am Main, München und Berlin/Brandenburg.

Für viele Ordnungswidrigkeiten oder Straftaten ist die Bundespolizei sachlich nicht zuständig. Sie darf zwar in jedem Fall erste Maßnahmen wie eine Identitätsfeststellung durchführen, muss den Einsatz dann aber meist an die zuständige Landespolizei übergeben. Für die Beamten ist das oft unbefriedigend: Die Bundespolizisten würden den Sachverhalt gern selbst bearbeiten, die Landeskollegen müssen „fremde Arbeit" übernehmen. Dies folgt aber aus dem föderalistischen Prinzip, dass es keine starke zentrale Polizei geben soll.

Das Bundeskriminalamt

Das Bundeskriminalamt (BKA) ist die zentrale Sammelstelle für polizeiliche Informationen. Es übernimmt eine koordinative Rolle in der Bekämpfung der bundesweiten und – als Schnittstelle zu Europol und Interpol – grenzüberschreitenden Kriminalität. Darüber hinaus ermittelt das BKA in bestimmten Fällen selbst und wird auch in der Gefahrenabwehr tätig, vor allem im Zusammenhang mit Terrorismus und organisierter Kriminalität. Außerdem übernimmt das BKA den Personenschutz von Mitgliedern der Verfassungsorgane des Bundes (z. B. Bundespräsident, Bundeskanzler). Im Vergleich zu den anderen Polizeien liegen die Schwerpunkte des BKA weniger in der aktiven Kriminalitätsbekämpfung, sondern in der Verwaltung und Koordination. Das BKA arbeitet eng mit den 16 Landeskriminalämtern der Landespolizeien zusammen.

Die Polizei beim Deutschen Bundestag

Die Bundestagspolizei sichert als kleinste deutsche Polizei mit rund 200 Polizistinnen und Polizisten den Bundestag und die Ausübung des Parlamentsbetriebs. Sie lässt sich kaum mit den anderen Polizeien vergleichen und untersteht nach Artikel 40 des Grundgesetzes direkt dem Bundestagspräsidenten. Die Ausbildung findet zusammen mit der Bundespolizei statt. Etliche beamtenrechtliche Rahmenbedingungen sind für beide Bundesbehörden gleich (Heilfürsorge, Bundesbeamtengesetz etc.). Viele Bundestagspolizisten waren vorher bei der Bundes- oder Landespolizei – eigene Ausbildungsplätze gibt es nur extrem wenige im mittleren Dienst.

Wie unterscheiden sich die Rechtsgrundlagen der Polizeien?

Die Polizeiarbeit beruht auf jeder Menge Gesetzen und Verordnungen. Manche davon gelten bundesweit (wie die Strafprozessordnung), andere nur beim jeweiligen Dienstherrn, etwa die Polizeigesetze, die hauptsächlich zur Gefahrenabwehr dienen. Diese unterscheiden sich von Bundesland zu Bundesland aber meist nur im Detail. Die Polizeien des Bundes (BKA, BPOL, Bundestagspolizei) haben wiederum sehr verschiedene Rechtsgrundlagen, allein schon aufgrund ihrer besonderen örtlichen und sachlichen Zuständigkeiten.

Seit der Föderalismusreform von 2006 haben die Bundesländer eine eigene Gesetzgebungskompetenz bei verschiedenen Gesetzen, vor allem den Beamtengesetzen. Dies spüren Polizisten vor allem durch die unterschiedlichen Besoldungen. Das Beamtenstatusgesetz, der grundlegende Rechtsrahmen des Beamtenwesens, gilt allerdings (noch) bundesweit – bislang ist kein Bundesland den großen Schritt eines eigenen Statusgesetzes gegangen.

Eine Übersicht über die Rechtsgrundlagen (Auswahl der bedeutendsten Gesetze):

Bundesweit einheitlich	Je nach Dienstherrn
¬ Grundgesetz	¬ Polizeigesetze
¬ Strafgesetzbuch	¬ Beamtengesetze
¬ Strafprozessordnung	¬ Verwaltungsvorschriften
¬ Straßenverkehrsrecht (Straßenverkehrsgesetz und Ausführungsverordnungen wie StVO, FZV und FEV)	¬ Versammlungsgesetze (in BY, BE, NI, NRW, SN, ST, SH, HE – sonst redundante Anwendung des Bundesgesetzes)
¬ Waffenrecht	¬ Interne Anordnungen
¬ Beamtenstatusgesetz	
¬ Betäubungsmittelgesetz	
¬ Aufenthaltsgesetz	
¬ Asylverfahrensgesetz	

Was bedeutet das für die Praxis?

Die rechtlichen Unterschiede werden schon in der Ausbildung deutlich: Bei jedem Dienstherrn wird ein eigenes Polizeigesetz gelehrt. Zwischen den Bundesländern ändert sich inhaltlich nicht viel, teilweise sind sogar nur die Paragraphen anders nummeriert. Beim Wechsel von Bundesland zu Bundesland findet man sich daher schnell zurecht. Die Polizeigesetze der Bundesbehörden unterscheiden sich allerdings deutlich, weshalb selbst erfahrene Landespolizisten oft nicht genau wissen, was die Bundespolizei oder das BKA im Detail darf (und andersherum).

In der Zusammenarbeit zwischen der Bundespolizei und den Landespolizeien ist zunächst immer zu prüfen, welche Behörde zuständig ist. Dafür müssen die jeweiligen Gesetze, Verordnungen oder zwischenbehördlichen Vereinbarungen bekannt sein. Manchmal ist das etwas komplizierter – der geflügelte Ausspruch „nicht zuständig" ist polizeiintern ein Running Gag.

Was ist mit dem Zoll oder dem Verfassungsschutz?

Beide haben vollkommen eigene Schwerpunkte. Sie sind zwar keine Polizeibehörden, stellen aber möglicherweise Alternativen für deine Berufswahl dar.

Der Zoll untersteht dem Bundesfinanzministerium. Als „uniformiertes und bewaffnetes Finanzamt des Bundes" bekämpft er bundesweit vor allem steuerrechtliche Straftaten, Schwarzarbeit und Schmuggel an den Grenzen und Flughäfen. Er arbeitet häufig mit der Polizei zusammen, zum Beispiel bei gemeinsamen Großkontrollen an Autobahnen.

Der Verfassungsschutz umfasst eine Bundesbehörde und 16 Landesbehörden. Sie unterstehen – wie die Polizeien – den jeweiligen Innenministerien, sind aber deutlich von der Polizei abzugrenzen: Der Verfassungsschutz ist einer der drei deutschen Geheimdienste, neben dem Militärischen Abschirmdienst der Bundeswehr und dem Bundesnachrichtendienst (Auslandsgeheimdienst).

Um das Grundgesetz und die freiheitlich demokratische Grundordnung zu schützen, beobachtet der Verfassungsschutz unter anderem Links- oder Rechtsextremisten, Islamisten und ähnliche Gruppierungen. Die Verfassungsschützer können nachrichtendienstliche Mittel wie Observationen (verdeckte Überwachungen) oder Telefonüberwachungen nutzen, sind aber unbewaffnet und führen keine Personenkontrollen oder Festnahmen durch. Es gibt Berührungspunkte zum polizeilichen Staatsschutz, der die verfassungswidrigen Straftaten polizeilich bearbeitet.

Stichwort Besoldung

Für die drei Polizeien des Bundes gilt die gleiche Besoldungstabelle. Die Landespolizeien haben eigene Besoldungsordnungen und unterschiedliche Zulagen für zum Beispiel Dienste zu ungünstigen Zeiten (DuZ) oder Familien. Das führt zu einem wahrnehmbaren Lohngefälle, noch verstärkt durch die Unterschiede zwischen Beihilfe und (freier) Heilfürsorge (siehe Kapitel „Wie funktioniert das mit der Krankenversicherung?" ab Seite 127).

Monatlich können so in derselben Besoldungsgruppe bis zu 300 € mehr oder weniger auf der Abrechnung stehen. In den letzten Jahren konnte unter anderem der Bund seine Attraktivität deutlich steigern – in der Zukunft kann sich das allerdings auch wieder ändern.

Schutzpolizei oder Kriminalpolizei: Was ist der Unterschied?

Die Wahl zwischen Schutz- oder Kriminalpolizei sollte gut überlegt sein. Ein späterer Wechsel ist zwar möglich, kann aber unter Umständen mehrere Jahre dauern (siehe Kapitel „Kann man zwischen der Schutz- und Kriminalpolizei wechseln?" ab Seite 154).

Die meisten Polizisten sind Schutzpolizisten. Sie unterscheiden sich von ihren Kripo-Kollegen etwa in der Amtsbezeichnung (z. B. Polizeikommissarin vs. Kriminalkommissar) und im Außenauftritt: Die „Kripo" trägt keine Uniform, sondern private Zivilkleidung, wofür sie in der Regel einen kleinen monatlichen Ausgleich erhält. Tendenziell ist die Schutzpolizei näher am Geschehen, etwa im Streifendienst oder in der Bereitschaftspolizei. Sie ist deutlich breiter aufgestellt, allerdings ohne umfassende Kenntnisse in komplexen Ermittlungskompetenzen wie zum Beispiel Telefonüberwachungen oder organisierter Kriminalität.

Die Kriminalpolizei ist oft für schwerere Vergehen und Verbrechen (Strafandrohung mindestens ein Jahr) zuständig und in den Stadtstaaten Berlin, Bremen und Hamburg schwerpunktmäßig in den Landeskriminalämtern eingesetzt. Kriminalpolizisten arbeiten meist im Tages- und nur selten im Schichtdienst, bearbeiten Vorgänge, ermitteln und gehen

Sachverhalten tiefer auf den Grund. Die Kripo ist in vielen Bereichen sehr spezialisiert und verfügt über ein immenses Fachwissen. Selbstverständlich sitzen Kripo-Beamte nicht immer nur am Schreibtisch, sondern führen auch Vernehmungen, Wohnungsdurchsuchungen oder Festnahmen durch.

Für manche Außenstehende mag die Kriminalpolizei möglicherweise höher im Ansehen stehen – dafür gibt es aber keinen Grund. Die Besoldung ist mit der Schutzpolizei identisch, auch die Karrieremöglichkeiten sind vergleichbar. Allerdings gibt es bei der Kriminalpolizei fast ausschließlich Stellen im gehobenen Dienst.

Direkteinstieg in die Kriminalpolizei

Mehrere Bundesländer bieten einen Direkteinstieg in die Kriminalpolizei an. Das klingt spannend für dich? Dann solltest du Interesse an eigenständiger Ermittlungsarbeit in umfangreichen Vorgängen mitbringen, mit längerer Schreibtischarbeit kein Problem haben und auf häufige Blaulichtfahrten verzichten können.

Seit kurzem gibt es in manchen Bundesländern außerdem die Fachrichtung „Cyber-“ oder „IT-Kriminalistik“. Sie bereitet dich speziell auf digitales Ermitteln vor, um beispielsweise Online-Straftaten zu verfolgen und mit digitalen Asservaten wie Festplatten oder Smartphones umzugehen. Die Absolventen arbeiten später als vollwertige Kriminalpolizisten, zum Beispiel in der Digitalforensik.

Wie ist eine Polizeibehörde aufgebaut, welche Bereiche gibt es?

Jede deutsche Polizei – außer der Polizei beim Deutschen Bundestag – untersteht dem jeweiligen Innenministerium: entweder dem Bundesinnenministerium (Bundespolizei, BKA) oder dem Innenministerium des jeweiligen Bundeslandes (Landespolizeien).

Der weitere Aufbau ist überall anders, selbst die Begriffe werden mitunter unterschiedlich verwendet. So bezeichnet zum Beispiel der Ausdruck „Direktion“ bei der Bundespolizei eine sehr große Organisationseinheit direkt unterhalb des Bundespolizeipräsidiums, in Hessen eine deutlich kleinere Organisationsform, und in Thüringen ist die Landespolizeidirektion die zentrale Behörde.

Drei Beispiele zum Aufbau:

- In Bayern gibt es zehn Polizeipräsidien (u. a. PP Mittelfranken oder PP München), das bayerische Landeskriminalamt, das Polizeiverwaltungsamt und das Bereitschaftspolizeipräsidium.
- Sachsen hat fünf zentrale Behörden und Einrichtungen (unter anderem das Landespolizeipräsidium) und fünf für die Fläche zuständige Direktionen (Chemnitz, Dresden, Görlitz, Leipzig, Zwickau).
- Nordrhein-Westfalen hat drei zentrale Landesämter (Landesamt für Ausbildung, Fortbildung und Personalangelegenheiten / Landesamt für Zentrale Polizeiliche Dienste / Landeskriminalamt) und 47 Kreispolizeibehörden.

Oft gibt es so viele verschiedene Dienststellen, dass du erst nach einigen Dienstjahren von den meisten zumindest den Namen kennst. Vor einem Bewerbungsgespräch solltest du dir unbedingt die Organigramme (den Organisationsaufbau) des Dienstherrn im Internet ansehen.

Die Organigramme der Polizeien im Überblick:

www.ausbildungspark.com/blog/karriere-bei-der-polizei/

Unterhalb der übergeordneten Bereiche gibt es eine weit verzweigte Untergliederung, die sich an örtlichen oder inhaltlichen Zuständigkeiten orientiert. In jedem Bereich gibt es Spezialisierungen und besondere Aufgaben. Um nur ein paar zu nennen: Hundeführerin im Einzeldienst, Fahrer eines Wasserwerfers in der Bereitschaftspolizei, Expertin für Fingerabrücke bei der Kripo, Pressesprecher bei der Behördenleitung, Mitarbeiterin der internen Revision, Waffenwart in der Werkstatt, Sportlehrerin an der Polizeischule, Schießausbilder, Fortbildungskoordinatorin, Mitarbeiter der Jugendverkehrsschule, Hubschrauberpilotin, Koordinator des Objektschutzes, Spezialistin für Terrorismusbekämpfung im LKA oder BKA und vieles mehr.

Bei den Bundesländern und der Bundespolizei ist die grobe Unterteilung sinngemäß ähnlich:

Einzeldienst / Wach- und Wechseldienst

Auch bekannt als Streifendienst, die „klassische" Polizeiarbeit eben. Rund um die Uhr verfügbare Dienststellen bearbeiten Notrufe, nehmen Anzeigen auf und stellen uniformierte Streifen. Hier arbeitest du (auch an Wochenenden) in einer Dienstgruppe im Schichtdienst und kannst deine Dienste mehr oder weniger gut planen.

Je nach Dienstherrn haben die Dienststellen verschiedene Namen, häufig heißen sie „Revier" oder „Wache", mancherorts auch „Bezirk" (Berlin), „Kommissariat" (Hamburg, Niedersachsen) oder „Inspektion" (Rheinland-Pfalz) – eine Übersicht findest du auf Seite 226.

Eine Besonderheit: In vielen Bundesländern sind erfahrene uniformierte Polizisten speziell für einen bestimmten Stadtteil oder eine Gemeinde zuständig (z. B. Bezirksdienst, Schutzleute vor Ort). Sie zählen nicht direkt zum Einzeldienst, sondern bilden das lokale Bindeglied zwischen Zivilgesellschaft und Polizei und arbeiten im Tagdienst.

Parallel zum uniformierten Einzeldienst gibt es oft auch zivile Einheiten, die ebenfalls im Schichtdienst arbeiten.

Ermittlungsdienst / Kriminalpolizei

Bei sogenannten Ermittlungen – auch weiterführenden Ermittlungen im Außendienst – liegt die finale Sachbearbeitung in den Händen der Ermittlungsdienststellen. Sie gehören meist zur Kriminalpolizei und sind auf bestimmte Deliktsbereiche wie Eigentums- oder Gewaltkriminalität spezialisiert. Neben der Kriminalpolizei gibt es auch Ermittlungsdienststellen der Schutzpolizei: Sie bearbeiten oft kleinere bis mittelschwere Massenkriminalität wie zum Beispiel Körperverletzungen oder Fahrraddiebstähle.

Die Sachverhalte einer Ermittlung kommen entweder aus dem Streifendienst und wurden dort bereits grundlegend erfasst, oder sie werden über die Internetwachen gemeldet bzw. durch eigene Ermittlungen festgestellt. Ist die Sachbearbeitung abgeschlossen, werden die Vorgänge an die Staatsanwaltschaft gesendet (abverfügt).

Die Kriminalpolizei ist für schwerere Vergehen und Verbrechen zuständig und deliktsbezogen in sogenannten Kommissariaten organisiert, deren Bezeichnung je nach Dienstherrn leicht variiert. Die sogenannten Kapitaldelikte (u. a. Mord, Totschlag, Raub) werden oft in Kommissariaten mit Nummern zwischen 10 und 20 bearbeitet (z. B. K 11). Den folgenden Nummern ab 20 können zum Beispiel Eigentumsdelikte wie Wohnungseinbruch oder Bandendiebstahl zugeordnet sein.

Jedes Bundesland hat ein eigenes Landeskriminalamt als Zentral- und Koordinationsstelle der Kripo.

Im Ermittlungsdienst arbeitest du grundsätzlich im Tagdienst. Wenn nötig, zum Beispiel bei Durchsuchungen oder Telefonüberwachungen, wird auch zu unregelmäßigen Zeiten gearbeitet.

Bereitschaftspolizei

Hier versiehst du in Einheiten bzw. Verbänden deinen Dienst und wirst unter anderem bei größeren Einsatzlagen wie Demonstrationen oder Fußballspielen eingesetzt. Darüber hinaus unterstützt du den Einzeldienst bei besonderen Aufgaben. Du arbeitest eher unregelmäßig und oft am Wochenende.

Bekannte Bereitschaftspolizei-Einheiten sind die speziell ausgebildeten Beweis- und Festnahmeeinheiten (BFE). Sie sind oft auch zur Bekämpfung von Terroranschlägen geschult. Gegebenenfalls musst du dafür nochmal ein eigenes Auswahlverfahren bestehen.

Spezialeinheiten

Zu den wichtigsten Spezialeinheiten zählen die Spezialeinsatzkommandos (SEK), die mobilen Einsatzkommandos (MEK) und die Verhandlungsgruppen (VG).

SEK-Beamte sind für die direkte Konfrontation mit sehr gefährlichen Tätern ausgebildet und entsprechend bewaffnet. Intern sind Spezialisierungen zum Beispiel zum Scharfschützen oder für Höheninterventionsteams möglich. Die GSG 9 der Bundespolizei lässt sich grob mit den SEK der Länder vergleichen, allerdings unterscheiden sich die Zuständigkeiten. Die GSG 9 kann auch im Ausland eingesetzt werden und bietet weitere Spezialisierungswege, etwa zum Taucher oder Fallschirmspringer.

MEK-Angehörige sind in der Regel zivil unterwegs. Ihr Schwerpunkt liegt auf professionellen Observationen von Verdächtigen oder Tätern im Bereich höherwertiger (organisierter) Kriminalität. Die Verhandlungsgruppen sind darauf spezialisiert, Gespräche mit Tätern zu führen, zum Beispiel bei Entführungen.

Die Landespolizeien, die Bundespolizei und das BKA stellen außerdem Spezialisten für den Personenschutz. Sie kümmern sich unter anderem um die Sicherheit von Regierungsmitgliedern auf Bundes- und Landesebene, gegebenenfalls auch im Ausland.

Für die Bewerbung bei einer Spezialeinheit brauchst du eine abgeschlossene Laufbahnprüfung, oft sind auch ein paar Jahre Berufserfahrung nötig. Körperlich und psychisch musst du enorm leistungsfähig sein und komplexe Ausbildungen und Prüfungen meistern. Selbstverständlich können sich auch Frauen bewerben. Es gibt finanzielle Zuschläge, allerdings auch oft häufige Rufbereitschaften.

Innendienst

Das „Backoffice" der Polizei. Hier werden im Tagdienst der Dienstbetrieb und alle organisatorischen Themen koordiniert – auch die Personalplanung und die Pressearbeit.

Technik

Die Ausstattung muss verwaltet, gepflegt und organsiert werden – vom Streifenwagen über die Dienstwaffe bis hin zum Computer oder dienstlichen Smartphone.

Verwaltung

Verwaltungskräfte kümmern sich um die bürokratischen Anforderungen einer Behörde: sei es die Genehmigung interner Anträge, die Buchhaltung oder die Pflege von Personal- oder Kriminalakten. Hier arbeiten viele „Nichtpolizisten" – Verwaltungsbeamte und -angestellte.

Was passiert, wenn ich mich schwer verletze?

Wenn du deine Laufbahnausbildung beginnst, möchte deine Ausbildungsbehörde dich später natürlich auch gern in den Dienst übernehmen. Solltest du dich jedoch in der Zwischenzeit schwer verletzen oder erkranken, verpasst du möglicherweise wichtige Sportprüfungen oder theoretische Unterrichtseinheiten. In der Regel sind die Ausbildungsbehörden hier kulant und du darfst die Prüfungen einfach nachholen, teilweise sogar noch im Folgejahr.

Längere Fehlzeiten führen allerdings oft zu einer Wiederholung des entsprechen Ausbildungsjahres bzw. Semesters. Stellt dein Dienstherr halbjährlich ein, hast du Glück und kannst sechs Monate später wieder einsteigen – ansonsten musst du ein Jahr warten.

Was aber, wenn deine Verletzung oder Erkrankung bleibende Schäden zur Folge hat und die ärztliche Polizeidiensttauglichkeit nicht mehr gegeben ist? In solchen Extremfällen bietet der Dienstherr möglicherweise einen Wechsel in eine Verwaltungslaufbahn an und wird sich – im Sinne des Fürsorgegedankens – um eine alternative Verwendung in der Behörde oder im Bundesland/Bund bemühen. Garantiert ist das allerdings nicht. Dieses Risiko kannst du mit einer Berufs- oder Polizeidienstunfähigkeitsversicherung absichern (vgl. das Kapitel „Versicherungen“ ab Seite 127).

Welche Anlaufstellen gibt es bei Problemen?

In jeder Behörde gibt es Gremien bzw. Personalvertretungen, die die Interessen der Mitarbeiter gegenüber der Behördenleitung vertreten. Das größte Gremium ist der Personalrat. Er ist intern und in die Gewerkschaften gut vernetzt, sodass er „über den Tellerrand hinaus“ wirken und im Konfliktfall vermitteln kann. Seine Mitglieder werden von den Mitarbeitern gewählt und engagieren sich oft auch gewerkschaftlich.

Daneben gibt es noch viele weitere Anlaufstellen bei Problemen im Beruf: zum Beispiel Ansprechpartner/innen für gleichgeschlechtliche Lebensweisen, kirchliche Polizeiseelsorge, die Schwerbehindertenvertretung sowie Antidiskriminierungs- und Gleichstellungbeauftragte. An sie kannst du dich wenden, wenn du dich aufgrund deines Geschlechts, deiner sexuellen Orientierung, deiner Hautfarbe, deiner Religion oder einer eventuellen Behinderung benachteiligt fühlst.

Alle Beauftragten kannst du abseits des Dienstweges direkt kontaktieren; sie gewährleisten eine neutrale Beratung und Unterstützung. Die Ansprechpartner werden dir in der Ausbildung bzw. im Studium genannt, alternativ findest du sie einfach im Intranet deiner Polizei. Darüber hinaus stellen dir auch die Gewerkschaften vertrauensvolle Ansprechpartner zur Seite.

Das Beamtentum

Was ist das Besondere an Beamten?

Beamtin oder *Beamter* – das ist mehr als eine Berufsbezeichnung. Der Beamtenstatus hat weitreichende Auswirkungen auf dein Berufs- und auch Privatleben.

Die meisten Berufstätigen sind Arbeitnehmer (die man früher noch in Angestellte und Arbeiter unterschied). Daneben gibt es die Selbstständigen in den vielfältigsten Berufen (Fotografen, Ärzte, Rechtsanwälte, Handwerksmeister …). Die dritte große Kategorie sind die Beamten. Dazu kann man sinngemäß auch Soldaten und Richter zählen, allerdings gibt es hier Besonderheiten, auf die im Folgenden nicht näher eingegangen wird. Zu den größten Beamtengruppen gehören Lehrer, kommunale Verwaltungsbeamte, Justizangehörige (in Justizvollzugsanstalten oder Gerichten), Berufsfeuerwehrleute und eben Polizisten.

Bei Beamten spricht man nicht von einem Arbeitsverhältnis, sondern von einem öffentlichen Dienst- und Treueverhältnis zum jeweiligen Dienstherrn – also zum Bund, zu den Bundesländern, den Sozialversicherungen, den Kommunen oder sogar zur Europäischen Union. In Artikel 33 des Grundgesetzes steht:

> (4) Die Ausübung ***hoheitsrechtlicher Befugnisse*** ist als ständige Aufgabe in der Regel Angehörigen des öffentlichen Dienstes zu übertragen, die in einem ***öffentlich-rechtlichen Dienst- und Treueverhältnis*** stehen. (5) Das Recht des öffentlichen Dienstes ist unter Berücksichtigung der ***hergebrachten Grundsätze des Berufsbeamtentums*** zu regeln und fortzuentwickeln.

Der Ausdruck „hoheitsrechtliche Befugnisse" bezieht sich auf die Ausübung der Staatsgewalt und die vielfältigen staatlichen Aufgaben wie den Schulunterricht, die Ordnungsämter, die Feuerwehr, die Rechtsprechung oder auch die Gefahrenabwehr und Strafverfolgung.

Früher zählten zu den hoheitlichen, von Beamten wahrgenommenen Aufgaben auch der Postdienst und die Deutsche Bahn. Nachdem die Deutsche Bahn (1994) und die Deutsche Bundespost (1995) in Privatunternehmen umgewandelt wurden, gibt es dort keine Neuverbeamtungen mehr. Die Zahl der Beamten ist bundesweit seitdem leicht gesunken, von gut 1,8 Millionen (1991) auf etwa 1,7 Millionen (2022). Ungefähr drei Viertel davon stehen im Dienst der Bundesländer.[3]

Wenn im Grundgesetz steht (siehe oben), dass der Staat zur Aufgabenwahrnehmung „in der Regel" Beamte einsetzt, bedeutet das: eben nicht immer. Etliche Aufgaben erledigen heutzutage beim Staat angestellte Personen: Dazu gehören viele Aushilfslehrer oder die Sicherheitskräfte an den Passagierkontrollen am Flughafen, die mit entsprechenden Hoheitsrechten beliehen sind (erkennbar am Brustschild „Im Auftrag der Bundespolizei"). Gleiches gilt für die Wachpolizisten in Berlin, Hessen und Sachsen: Sie übernehmen zwar hoheitliche polizeiliche Aufgaben, vor allem den Objektschutz und Gewahrsamsdienst – aber nicht als Beamte, sondern als Angestellte.

Das Beamtentum ist wegen seiner besonderen Rechtsstellung („Dienst- und Treuverhältnis") nicht mit einem normalen Arbeitsverhältnis vergleichbar – Beamte sollen den Staat und seine Funktionsfähigkeit erhalten. So heißt es in einer Auslegung des Bundesverfassungsgerichts:

> *„[...] das Grundgesetz [sieht] in Anknüpfung an die deutsche Verwaltungstradition im Berufsbeamtentum eine Institution [...], die, gegründet auf Sachwissen, fachliche Leistung und loyale Pflichterfüllung, eine stabile Verwaltung sichern und damit einen ausgleichenden Faktor gegenüber den das Staatsleben gestaltenden politischen Kräften darstellen soll."*

BVerfG 7, 155 vom 17. Oktober 1957, Randnummer 31

Die Verbeamtung

Beamtinnen und Beamte unterschreiben keinen Arbeitsvertrag, sondern erhalten „nur" eine Urkunde und quittieren den Empfang. Bei der Verbeamtung unterscheidet man drei zeitliche und inhaltliche Abschnitte.

- **Beamtin/Beamter auf Widerruf.**
  Alle Auszubildenen oder Studierenden sind Beamte auf Widerruf, auch Lehrer im Referendariat. Die Übernahme nach dem Abschluss ist nicht garantiert, Entlassungen sind ohne große Hürden möglich – allerdings kommt es dazu nur in sehr seltenen Ausnahmen, zum Beispiel aufgrund einer fehlenden charakterlichen Eignung.
- **Beamtin/Beamter auf Probe.**
  Beamte auf Probe müssen sich über einen bestimmten Zeitraum bewähren: Gemäß § 10 Beamtenstatusgesetz (BeamtStG) beträgt die Frist minimal sechs Monate, maximal fünf Jahre, in der Regel sind es drei Jahre. Bei groben Verstößen ist eine Entlassung möglich.
- **Beamtin/Beamter auf Lebenszeit.**
  Diese Urkunde ist von sehr großer Bedeutung: Sie bekräftigt, dass man von nun an bis zum Lebensende im Beamtenstatus steht. Der Dienstherr darf Beamte auf Lebzeit nur unter hohen Anforderungen aus dem Dienst entfernen, etwa im Falle fehlender Verfassungstreue oder nach einer strafrechtlichen Verurteilung mit einer Freiheitsstrafe (auch auf Bewährung) von mindestens zwölf Monaten (vgl. § 24 BeamtStG). Mehr zum Disziplinarrecht ab Seite 55.

Rechte und Pflichten

Sowohl die Beamten als auch der jeweilige Dienstherr (Bund, Bundesland, Kommune) haben besondere Rechte und Pflichten. Nach Artikel 33, Absatz 5 des Grundgesetzes ist das „Recht des Öffentlichen Dienstes unter Berücksichtigung der hergebrachten Grundsätze des Berufsbeamtentums zu regeln und fortzuentwickeln." Daraus ergibt sich eine Vielzahl von Vorgaben. Die wichtigsten im Überblick:

Laufbahnprinzip

Laufbahnen sind die Karrierewege von Beamten. Die klassischen Laufbahnnamen sind „mittlerer Dienst", „gehobener Dienst" und „höherer Dienst". Seit der Föderalismusreform 2006 spricht man in vielen Bundesländern stattdessen von „Qualifikationsebenen", „Laufbahngruppen" und „Einstiegsämtern". Ein Wechsel durch Qualifizierung oder Überleitung ist lediglich nach oben möglich. Mehr zu den Beamtenlaufbahnen ab Seite 51.

Anstellung auf Lebenszeit

Beamte können nur bei grobem Fehlverhalten aus dem Dienst entfernt werden, dies gilt bis zum Tod. Beamte erhalten keine Rente, sondern eine Pension von ihrem Dienstherrn.

Leistungsprinzip

Der Zugang zum Beamtendienst sowie Beförderungen richten sich nur nach der persönlichen Befähigung, Eignung und Leistung. Sachfremde Erwägungen dürfen keine Rolle spielen.

Fürsorgepflicht

Der Dienstherr ist verpflichtet, sich bestmöglich um seine Beamten zu kümmern und dabei nicht nur dienstliche, sondern auch soziale Belange zu beachten.

Alimentationsprinzip

Beamte werden alimentiert: Sie erhalten eine Besoldung, die einen amtsangemessenen Lebensstandard gewährleisten soll, und zwar bereits am Monatsende für den jeweils folgenden Monat. So sollen Beamte ihren Dienst frei von finanziellen Nöten verrichten können.

Funktionsgerechte Besoldung

Die Besoldung richtet sich grundsätzlich nach dem jeweiligen Dienstposten: Jede Stelle ist bewertet und der Stelleninhaber erhält nach der Beförderung die entsprechende Besoldung. Übernimmt jemand einen Posten mit einer höheren Besoldungsstufe, kann er befördert werden.

Amtsangemessene Beschäftigung

Der Dienstherr muss seinen Beamten eine angemessene Beschäftigung gewährleisten und darf diese nicht für deutlich niedriger qualifizierte Tätigkeiten einsetzen.

Disziplinarrecht

Um ein Fehlverhalten von Beamten zu sanktionieren, greift der Dienstherr auf das Disziplinarrecht zurück. Funktionell ersetzt es die arbeitsrechtlichen Maßnahmen in der Privatwirtschaft, inhaltlich geht es weit darüber hinaus (mehr dazu ab Seite 55).

Wohlverhaltenspflicht

Beamtinnen und Beamte müssen sich im Dienst und in ihrer Freizeit im Interesse des Dienstherrn verhalten und dürfen nicht gegen ihre Beamtenpflichten verstoßen.

Volle Hingabe zum Beruf

Der Beamtendienst, die Identifikation mit dem Beruf muss im Mittelpunkt stehen. Nebentätigkeiten dürfen daher zum Beispiel nicht mehr als 20 % der regulären Arbeitszeit betragen.

Neutralitätspflicht

Beamte müssen ihren Dienst frei von persönlichen, religiösen oder politischen Überzeugungen ausüben und jeden Bürger gleichbehandeln.

Amtsverschwiegenheit

Dienstlich erhaltene Informationen dürfen nicht an Außenstehende weitergegeben werden.

Streikverbot

Beamte dürfen nicht streiken, da sie für die Aufrechterhaltung des Staatswesens verantwortlich sind (und durch die Fürsorgepflicht des Dienstherrn eigentlich auch keinen Grund dazu haben sollten).

Worin unterscheiden sich die Beamtenlaufbahnen?

Das Beamtentum gliedert sich in vier Laufbahnen. In klassischer Bezeichnung: einfacher Dienst (eD), mittlerer Dienst (mD), gehobener Dienst (gD) und höherer Dienst (hD). Je höher eine Person qualifiziert ist, desto höher die mögliche Laufbahn und die Besoldung. Im einfachen Dienst gibt es heutzutage bundesweit kaum noch Beamte, die meisten arbeiten im mittleren oder gehobenen Dienst.

Neue Laufbahnnamen

Seit der Föderalismusreform 2006 liegt die Gesetzgebungskompetenz über das Beamtentum bei den Bundesländern, von denen einige die Laufbahnen neu bezeichnet haben (eine Übersicht findest du auf Seite 53). Die klassischen Namen wie „mittlerer Dienst (mD)" oder „gehobener Dienst (gD)" sind allerdings immer noch am weitesten verbreitet, allgemein gängig und werden daher auch in diesem Buch durchgängig genutzt.

Die Laufbahnen bei der Polizei

Derzeit stellen zehn Landespolizeien und die Bundespolizei sowohl in den mittleren als auch in den gehobenen Dienst ein. Alle weiteren Bundesländer und das BKA bieten mittlerweile nur noch den gehobenen Dienst an (die Polizei beim Deutschen Bundestag nur den mittleren Dienst).

Der Trend zu höheren Laufbahnen, gestartet um die Jahrtausendwende, führt zu einer Akademisierung des Polizeinachwuchses und soll das Personal qualitativ stärken. Bundesweit konnte sich das Modell allerdings nicht flächendeckend durchsetzen. Kritikwürdig ist unter anderem, dass manche Bundesländer im gehobenen Dienst nur wenig mehr zahlen als andere (z. B. Bayern) im mittleren Dienst.

Einfacher Dienst

Abkürzung „eD", Einstellungsvoraussetzung Hauptschulabschluss (oder gleichwertig). Heute kaum noch existent, typische Berufe waren unter anderem Kurierfahrer oder Briefträger (als die Post noch eine Behörde war). Bei der Polizei bundesweit nicht mehr vorhanden. Besoldung: A 2 bis A 6.

Mittlerer Dienst

Abkürzung „mD", Uniform mit blauen Sternen auf der Schulterklappe, verknüpft mit einer Ausbildung, Einstiegsvoraussetzung in der Regel Realschulabschluss oder Hauptschulabschluss mit abgeschlossener Berufsausbildung. In seiner Idee das Rückgrat des Beamtentums, ohne größere Führungsverantwortung. Angeboten von zehn Landespolizeien, der Bundespolizei und der Polizei beim Deutschen Bundestag; bei der Kriminalpolizei eher selten. Besoldung: A 6 bis A 9, teils auch A 10 oder auch A 11.

Gehobener Dienst

Abkürzung „gD", Uniform mit silbernen Sternen auf der Schulterklappe, verknüpft mit einem (Bachelor-)Studium, Einstellungsvoraussetzung in der Regel (Fach-)Abitur, gelegentlich auch Meisterbrief oder Realschulabschluss mit abgeschlossener Berufsausbildung (weitere Ausnahmen möglich). Bei Dienstherren mit drei Laufbahnen (mD, gD, hD) übernimmt man im gehobenen Dienst bereits oft Führungspositionen, mit nur zwei Laufbahnen (gD, hD) ist man oft „normaler" Sachbearbeiter. Besoldung: A 9 bis A 13 bzw. A 14.

Höherer Dienst

Abkürzung „hD", Uniform mit goldenen Sternen auf der Schulterklappe, verknüpft mit einem Masterstudium. Umfasst ca. 1–2 % der Polizeibeamten (Spitzenführungskräfte, etwa Leiter einer größeren Dienststelle). Stellenbesetzung meist durch Akquise eigenen Personals über interne Auswahlverfahren, Masterstudium an Deutscher Polizeihochschule, Bewerbungen in der Regel erst nach einigen Jahren Polizeiangehörigkeit möglich, Quereinstieg selten. Besoldung: A 13 bis A 16, Aufstieg in Besoldungsgruppe B möglich.

Übersicht: Laufbahnbezeichnungen nach Dienstherr

Dienstherr	Begriff für den mittleren Dienst (mD)	Begriff für den gehobenen Dienst (gD)	Begriff für den höheren Dienst (hD)
Bundespolizei	mD	gD	hD
Bundeskriminalamt	mD	gD	hD
Polizei beim Deutschen Bundestag	mD	gD	hD
Baden-Württemberg	mD	gD	hD
Bayern	Qualifizierungsebene II	Qualifizierungsebene III	Qualifizierungsebene IV
Berlin	mD	gD	hD

Brandenburg	mD	gD	hD
Bremen	Laufbahngruppe 1, 2. Einstiegsamt	Laufbahngruppe 2, 1. Einstiegsamt	Laufbahngruppe 2, 2. Einstiegsamt
Hamburg	Laufbahnabschnitt I	Laufbahnabschnitt II	Laufbahnabschnitt III
Hessen	mD	gD	hD
Mecklenburg-Vorpommern	Laufbahngruppe 1, 2. Einstiegsamt	Laufbahngruppe 2, 1. Einstiegsamt	Laufbahngruppe 2, 2. Einstiegsamt
Niedersachsen	Laufbahngruppe 1, 2. Einstiegsamt	Laufbahngruppe 2, 1. Einstiegsamt	Laufbahngruppe 2, 2. Einstiegsamt
Nordrhein-Westfalen	Laufbahngruppe 1, 2. Einstiegsamt	Laufbahngruppe 2, 1. Einstiegsamt	Laufbahngruppe 2, 2. Einstiegsamt
Rheinland-Pfalz	2. Einstiegsamt	3. Einstiegsamt	4. Einstiegsamt
Saarland	mD	gD	hD
Sachsen	Laufbahngruppe 1, 2. Einstiegsamt	Laufbahngruppe 2, 1. Einstiegsamt	Laufbahngruppe 2, 2. Einstiegsamt
Sachsen-Anhalt	Laufbahngruppe 1, 2. Einstiegsamt	Laufbahngruppe 2, 1. Einstiegsamt	Laufbahngruppe 2, 2. Einstiegsamt
Schleswig-Holstein	Laufbahngruppe 1, 2. Einstiegsamt	Laufbahngruppe 2, 1. Einstiegsamt	Laufbahngruppe 2, 2. Einstiegsamt
Thüringen	mD	gD	hD

Wie viele Beamtengesetze gibt es?

Eine ganze Menge! Hier ein Überblick allein über die wichtigsten Beamtengesetze auf Bundesebene:

Ausgestaltung des Rechtsverhältnisses zwischen Bund und Beamten

- Beamtenstatusgesetz (BStatG)
- Bundesbeamtengesetz (BBG)
- Bundesdisziplinargesetz (BDG)
- Bundeslaufbahnverordnung (BLV)

- Bundesnebentätigkeitsverordnung (BNV)
- Bundespolizeibeamtengesetz (BPolBG)

Besoldung und Pension

- Beamtenversorgungsgesetz (BeamtVG)
- Bundesbesoldungsgesetz (BBesG)

Fürsorge (Ausgestaltung der sozialen Rahmenbedingungen)

- Arbeitszeitverordnung (AZV)
- Bundesbeihilfeverordnung (BBhV)
- Bundesreisekostengesetz (BRKG)
- Bundesumzugskostengesetz (BUKG)
- Elternzeitverordnung (EltZV)
- Erholungs-, Sonder- und Heimaturlaubsverordnungen (EUrlV, HUrLV, SUrlV)
- Mutterschutzverordnung (MuSchV)

Was ist das Disziplinarrecht?

Alle Jahre wieder fördert irgendwo in Deutschland ein großer Polizeiskandal schwerwiegende Verfehlungen von Beamten zutage. Teilweise kommen dabei sogar Straftaten an die Öffentlichkeit. Einige Beispiele aus der jüngeren Vergangenheit:

- Berlin 2017: Bereitschaftspolizisten eskalieren auf einer Party nach einem Einsatz in Hamburg, eine Polizistin soll nur im Bademantel mit ihrer Dienstwaffe hantierend auf einem Tisch getanzt haben.[4]
- Bayern 2018: Über 30 Polizisten sollen Kokain konsumiert haben.[5]
- NRW 2020: In einer Chatgruppe sollen Polizisten Bilder von Hakenkreuzen und andere verbotene Zeichen geteilt haben.[6]

- Sachsen 2021: Spezialkräfte sollen große Mengen an Munition entwendet und damit private Schießevents veranstaltet haben.[7]
- Hessen 2021: Mitglieder des Frankfurter SEK sollen unter anderem rechtsextreme Inhalte in Chatgruppen geteilt haben.[8]
- Baden-Württemberg 2023: Der Inspekteur der Polizei steht im Verdacht, Mitarbeiter sexuell belästigt und „Dick Pics" versendet zu haben.[9]

Die beteiligten Beamten müssen sich gegebenenfalls nicht nur nach dem Strafrecht, sondern auch nach dem Disziplinarrecht verantworten. Als Teil des öffentlichen Dienstrechts ist das Disziplinarrecht eine Besonderheit des Beamtentums. Es soll Beamte bei nennenswerten Verstößen gegen ihre Dienstpflichten maßregeln und an ihre korrekte Dienstausübung erinnern. Zu den einschlägigen Dienstverstößen zählen Straftaten, aber auch Missachtungen der „uneigennützigen Amtsausübung" oder Äußerungen gegen die freiheitlich demokratische Grundordnung.

Niedrigschwellige Verfehlungen werden in der Regel ohne Disziplinarverfahren abgehandelt: Die Person wird dann mündlich, teilweise auch schriftlich zur Einhaltung der Aufgaben und Pflichten hingewiesen. Erscheint man zum Beispiel einmal verspätet zum Dienst, wird dies zunächst mündlich angesprochen; ein Disziplinarverfahren droht erst bei mehrfachem weiterem Zuspätkommen im Anschluss.

Disziplinarrechtliche Schritte können auch parallel zu strafrechtlichen Verfahren ablaufen. Bei einer Körperverletzung im Amt kann der betreffende Beamte sowohl durch das Strafgericht nach dem Strafgesetzbuch bestraft werden als auch durch den Dienstherrn dienstrechtlich belangt werden. Ein (gegen Auflage) eingestelltes Strafverfahren bedeutet allerdings nicht zwangsläufig, dass das Disziplinarverfahren eingestellt wird – ein sogenannter „disziplinarischer Überhang" kann bestehen bleiben.

Der Ablauf des Verfahrens

Der Ablauf eines Disziplinarverfahrens lässt sich grob in vier Schritte unterteilen.

1) Wird ein möglicher Verstoß gegen die beamtenrechtlichen Pflichten bekannt, leitet die Dienststelle des jeweiligen Beamten (z. B. Wach- oder Revierleitung, Einheitsführung, Kommissariatsleitung) das Disziplinarverfahren ein. In der Regel wird der Betroffene gleichzeitig informiert und unter anderem dahingehend belehrt, dass er keine Angaben zum Sachverhalt machen muss. Die Behördenleitung unterschreibt die schriftliche Einleitung des Verfahrens (sogenannte Einleitungsverfügung).
2) Der Sachverhalt wird durch Ermittlungen aufgeklärt. Dazu können Zeugen vernommen oder auch Einsicht in Akten und Datenträger (z. B. Smartphones) genommen werden.
3) Der Betroffene wird angehört und kann sich zu den Vorwürfen äußern. Dafür darf er Akteneinsicht nehmen, auch ohne Anwalt.
4) Die Dienstvorgesetzen – in der Regel die Behördenleitung oder ein Disziplinargremium – treffen die Entscheidung über das Verfahren. Der Betroffene erhält die Entscheidung schriftlich und kann Rechtsmittel einlegen, woraufhin das Verfahren vom Verwaltungsgericht geprüft würde.

Disziplinarmaßnahmen

Es gibt fünf Arten von Disziplinarstrafen gegen aktive Beamte (§ 5 ff. BDG). Vorgelagert besteht noch die Möglichkeit, eine (in der Regel schriftliche) „missbilligende Äußerung" auszusprechen. Sie ähnelt einem Verweis, stellt jedoch keine Disziplinarmaßnahme dar und ist daher im Verfahren leichter abzuarbeiten.

¬ **Verweis:** schriftlicher Tadel im Sinne einer Ermahnung

¬ **Geldbuße:** maximal eine Monatsbesoldung

- **Kürzung der Dienstbezüge:** höchstens 20 % auf höchstens drei Jahre, gleichzeitig Beförderungsverbot
- **Zurückstufung:** Zurückstufung in derselben Laufbahn (nicht von einer höheren in eine niedrigere Laufbahn), erneute Beförderung erst nach fünf Jahren möglich
- **Entfernung aus dem Dienst:** Entfernung aus dem aktiven Dienst und Verlust der Pensionsansprüche, Nachversicherung in der Rentenversicherung (deutlicher finanzieller Nachteil)

Gegen pensionierte Beamte können zwei Disziplinarverfahren angewendet werden:

- **Kürzung des Ruhegehalts:** maximal 20 % auf höchstens drei Jahre
- **Aberkennung des Ruhegehalts:** Aberkennung der Pension und Umwandlung in eine (deutlich niedrigere) Rente

Beispiele für mögliche Verfehlungen

Verstöße gegen die Beamtenpflichten können zugleich auch Ordnungswidrigkeiten oder Straftaten darstellen. Im Folgenden einige praxisnahe Beispiele.

Niedrigschwellige Dienstvergehen

Diese Vorgänge könnten bereits ein Disziplinarverfahren nach sich ziehen, mit einem Verweis als möglicher Disziplinarstrafe.

- Abschreiben einzelner Aspekte einer Hausarbeit und Abgabe als eigene Leistung oder nicht gekennzeichnete Nutzung von künstlicher Intelligenz, um einzelne Passagen zu erstellen
- Verlust des Dienstausweises
- Wiederholtes Zuspätkommen
- Wiederholtes Parken auf einem nicht zugewiesenen Parkplatz in einer Polizeiliegenschaft

- Weitergabe von Polizeiabzeichen (Patches) an Freunde oder andere Landespolizeien: Das Sammeln und Tauschen von Patches ist verbreitet, liegt jedoch nicht im Sinne des Dienstherrn und des gezahlten Kleidergeldes.
- Verkauf dienstlich gelieferter Sportschuhe im Internet
- Anbringen nicht dienstlicher Patches auf der Uniform
- Mit dem Streifenwagen behindernd auf einem Radweg parken, um schnell die Pizza für die Dienstgruppe abzuholen

Mittlere bis grobe Dienstvergehen

Diese Dienstvergehen könnten empfindliche Disziplinarmaßnahmen zur Folge haben – während der Laufbahnausbildung und auch in der Probezeit bis hin zur Entlassung.

- Persönliche Beleidigung einer Kollegin oder eines Kollegen
- Alkoholisiert zum Dienst erscheinen
- Weitergabe polizeilicher, nicht anonymisierter Informationen an Bekannte oder Familien (z. B. Informationen über die Nachbarn oder den neuen Freund der Schwester)
- Weitergabe von Informationen zu einem Strafverfahren an einen Freund, um ihn vor einer Durchsuchung zu warnen
- Handel mit Betäubungsmitteln
- Unberechtigte Personenkontrolle aufgrund von Racial Profiling
- Unberechtigte Personenabfrage in Datensystemen
- Äußerung, dass Frauen bei der Polizei nichts zu suchen hätten und lieber zur Kindererziehung daheim bleiben sollten
- Sexuelle Belästigung einer Kollegin oder eines Kollegen
- Nachrichten in einer Chatgruppe, die Menschen beleidigen oder Personengruppen diskriminieren (dazu gehören auch Bilder)
- Verkauf von Uniformteilen

- Nicht ordnungsgemäßes Asservieren sichergestellter Gegenstände mit dem Vorsatz, diese selbst zu verwenden oder zu verkaufen
- Persönliche Bereicherung: Statt den Gurtpflichtverstoß mit 30 € zu ahnden, nimmt der Polizist 10 € ohne Quittung und steckt sie sich ein.
- Straftaten im Zusammenhang mit dem Amt (z. B. Bestechlichkeit und Strafvereitelung): Die Polizistin nimmt 100 € an, um einen alkoholisierten Autofahrer weiterfahren zu lassen.
- Körperverletzung im Amt: Eine Person wird mit voller Absicht ohne nachvollziehbare polizeiliche Ermächtigung geschlagen.
- Freiheitsberaubung im Amt: Um eine Person für ihr Verhalten zu „bestrafen", wird sie länger in einer Zelle eingesperrt, als es notwendig und erlaubt wäre.

Was sollte ich in der Ausbildung vermeiden?

Während deiner Laufbahnausbildung bist du Beamtin oder Beamter auf Widerruf. Damit unterliegst du allen beamtenrechtlichen Rahmenbedingungen mit den entsprechenden Vorteilen und Pflichten. Der Status „auf Widerruf" bedeutet, dass der Dienstherr dich ohne große Hürden entlassen kann. Ebenso ist es möglich, dass du im Anschluss nicht als Beamter bzw. Beamtin auf Probe übernommen wirst. In den letzten Jahren häuften sich Medienberichte über Anwärter, die entlassen wurden, nachdem mutmaßlich verfassungswidrige Chatnachrichten über Dienste wie WhatsApp verbreitet worden waren.

Straftaten

Selbstverständlich solltest du keine Straftaten begehen, weder vor noch nach deiner Bewerbung. Abhängig von der Straftat bzw. vom Tatvorwurf würde der Dienstherr entweder das Strafverfahren abwarten oder eine sofortige Freistellung mit dem Ziel der Entlassung aussprechen.

Nicht jede bekannt gewordene Straftat führt automatisch zur Entlassung – positiv wirkt sie sich nie aus!

Mangelnde Verfassungstreue

Sobald dein Bekenntnis zur freiheitlich demokratischen Grundordnung (fdGO) in Frage steht, kann dies zur Entlassung führen. Gründe können Äußerungen sein, die diskriminierend oder rassistisch sind oder eine extremistische Gesinnung vermuten lassen. Das gilt sowohl für mündliche Aussagen als auch für Chatnachrichten oder versendete Medien. Ein vielleicht lustig gemeinter Post eines Hakenkreuz-Bildes reicht, um entlassen zu werden – das Verwenden (oder Versenden) solcher Motive kann bereits eine Straftat gemäß § 86a StGB darstellen.

Körperliche Ungeeignetheit

Achte auf deinen Körper – dazu gehört auch der Verzicht auf verbotene Drogen inklusive Cannabisprodukten. Erfährt der Dienstherr von möglichem Drogenkonsum, kann er deine Polizeidiensttauglichkeit in Frage stellen. Ändern könnte sich das möglicherweise ab Mitte 2024: Nach der geplanten Entkriminalisierung von Cannabis sind neue polizeiinterne Regelungen nötig.

Auch eine hohe Anzahl an Krankheitstagen oder ernste Verletzungen können deine gesundheitliche Eignung in Frage stellen.

Wichtig für dich!

Du solltest die Grundlagen des Disziplinarrechtes kennen – und disziplinarwürdiges Verhalten vermeiden, das dich in der Ausbildung / im Studium schnell den Job kosten kann. Vorsicht ist besonders bei folgenden Punkten geboten:

- **Chatgruppen:** Teile keine grenzwertigen oder strafbaren Bilder, beleidige niemanden und ziehe über niemanden her.

- **Partys:** Alkohol führt zur Enthemmung. Auch wenn du mal so richtig die Sau rauslassen willst, als Beamter/Beamtin solltest du dich unter Kontrolle haben. Trunkenheitsfahrten mit dem E-Scooter, Fahrrad oder Auto, Drogenkonsum oder sexuelle Belästigung sind absolute Tabus.
- **Abschreiben:** Schreibe bei Leistungsnachweisen oder Klausuren nicht blind von Anderen ab oder lasse dir Arbeiten durch künstliche Intelligenz erstellen. Die Ausbilder und Dozenten bekommen zwar nicht immer alles mit, aber eventuell schauen sie ausgerechnet bei dir ganz genau hin.
- **Gewaltanwendung:** In den Praktika kann es vorkommen, dass du Gewalt („einfache körperliche Gewalt als Teil des unmittelbaren Zwangs") anwenden musst. Bleibe dabei professionell und lasse dich nicht von deinen Emotionen leiten. Gewalt darf nur im Rahmen der Verhältnismäßigkeit angewendet werden, um polizeiliche Maßnahmen durchzusetzen.
- **Strafvereitelung und Amtsdelikte:** Eventuell bekommst du in deinen Praktika mit, wie andere Kollegen mögliche Straftaten oder Dienstverstöße begehen. Lasse dich darauf nicht ein und sprich mit deinen nächsten Vorgesetzten darüber! Zwar sind deine Kollegen dir vorgesetzt und entscheiden auch über deine Praktikumsnote, aber wenn du Pech hast, fällt die Angelegenheit auf dich zurück: Du könntest wegen Strafvereitelung im Amt belangt oder gar als Mittäter benannt werden. Abgesehen davon bist du bei der Polizei, um Recht und Gesetz durchzusetzen – das gilt auch für polizeiinterne Vorkommnisse.

Welche Vorteile gibt es im Ruhestand (Pension)?

Beamte – vor allem im Polizeivollzug – haben im Vergleich zu Arbeitnehmern große Vorteile im Ruhestand. Beamte erhalten keine Rente, sondern eine Pension, die nicht von der Deutschen Rentenversicherung gezahlt wird, sondern vom jeweiligen Dienstherrn. Die Unterschiede zwischen den Polizeien sind dabei gering.

Höhe der Pension

Die grundsätzliche Pension beträgt 71,75 % des letzten monatlichen Bruttogehalts. Dabei zählen nur das Grundgehalt und eventuelle allgemeine Stellenzulagen, keine Zuschläge (mit Ausnahme des Familienzuschlags). Die Polizeivollzugszulage wird nur bei einigen Dienstherren angerechnet (was Gewerkschaften regelmäßig kritisieren), bei der Bundespolizei ist sie seit 2023 ruhegehaltsfähig (ca. 160 € bei vollem Pensionsanspruch).

Um diese maximalen 71,75 % zu erhalten, sind 40 Dienstjahre in Vollerwerb nötig – für jedes Dienstjahr erwirbst du einen Anspruch von 1,79375 %. Deine Ausbildungs- bzw. Studienzeit wird angerechnet. Teilzeitbeschäftigungen oder Elternzeiten reduzieren die Dienstzeit entsprechend, und mehr als 40 Dienstjahre erhöhen den Pensionsanspruch nicht weiter. Wer später in den Beruf eingestiegen ist – mit ca. 22 Jahren oder danach – erreicht den maximalen Pensionsanspruch in der Regel nicht mehr (eventuell zuvor erworbene Rentenansprüche bleiben davon unberührt). Die Mindestpension beträgt 35 % bei mindestens fünf Dienstjahren.

Maßgeblich für die Höhe der Pension ist die letzte Besoldungsstufe vor Pensionseintritt. Liegt die letzte Beförderung weniger als zwei Jahre zurück, wird die vorherige Besoldungsgruppe angesetzt. Jede Beförderung, auch im höheren Dienstalter (z B. Mitte/Ende 50), macht sich dank der neuen Besoldungsstufe also positiv beim Ruhegehalt bemerkbar.

Vorherige Beschäftigungen im Öffentlichen Dienst, etwa als Arbeitnehmer oder Soldat, können für die Pension angerechnet werden. Gleiches gilt für Berufsausbildungen und eine im erlernten Beruf ausgeübte Berufstätigkeit (in der Regel bis fünf Jahre), sofern die Ausbildung für den Polizeiberuf förderlich ist. Private Studienzeiten in einem „normalen" Studium werden allerdings nicht berücksichtigt.

Früherer Ruhestand

Beamte gehen früher in den Ruhestand als Arbeitnehmer. Das „normale" Renteneintrittsalter liegt derzeit bei 67 Jahren, während Beamte mit 65 Jahren in Pension gehen, Polizeivollzugsbeamte sogar fast überall schon mit 62 Jahren (genauer Zeitpunkt ist der Ablauf des 62. Geburtsmonats). Wie so oft gibt es auch hier ein paar Ausnahmen: In Brandenburg beginnt die Pension für den gehobenen Dienst erst mit 64, für den höheren Dienst mit 65 Jahren. Bei nahezu jedem Dienstherrn kann man die Pension auf Antrag bereits mit 60 Jahren und entsprechenden Abzügen (ca. 3,5 % pro Jahr) antreten.

Der frühere Ruhestand – der sich durch Schichtdienst oft noch weiter nach vorne ziehen lässt – ist ein großer Vorteil gegenüber der Privatwirtschaft. Besonders attraktiv ist, dass man mit Anfang 60 körperlich meist noch einigermaßen fit ist und die Pension aktiv nutzen kann: die lang ersehnte Weltreise, das Wohnmobil, ausgedehnte Wanderungen, Motorradtouren, Spielplatzbesuche mit den Enkeln …

Schichtdienst und Pensionseintritt

Schichtdienstjahre können den regulären Pensionseintritt bei manchen Dienstherren beschleunigen, maximal um zwei weitere Jahre. Ausgewählte Beispiele:

- **Brandenburg:** Für Beamte im gehobenen Dienst gibt es ein Staffelmodell, angefangen bei 1 Jahr Schichtdienst für einen 2 Monate früheren Pensionseintritt bis hin zu 10 Jahren Schichtdienst für einen 24 Monate früheren Eintritt.
- **Hessen:** 10 Jahre Schichtdienst für einen 12 Monate früheren Pensionseintritt, 15 Jahre für 18 Monate und 20 Jahre für 24 Monate.
- **Mecklenburg-Vorpommern:** Pro 2 Jahre Schichtdienst verschiebt sich der Pensionseintritt 1 Monat nach vorne, insgesamt um maximal 2 Jahre bzw. bis zum Ruhestand mit 60.
- **Nordrhein-Westfalen und Niedersachsen:** Mit 25 Jahren Schichtdienst kann man 1 Jahr früher in Pension gehen.
- **Saarland:** Auf Antrag können Polizisten mit 60 Jahren in Pension gehen. Schichtdienstjahre (mindestens 5) können den Abschlag auf die Pension reduzieren oder sogar zu einem Bonus von ca. 3 % führen.

Geschenkte Jahre und ein reizvolles Angebot? Auf den ersten Blick auf jeden Fall. Allerdings bringt der Schichtdienst Belastungen mit sich, die die Lebenserwartung verkürzen können. Ob das im Verhältnis steht und unter dem Strich nicht sogar Lebenszeit und -qualität verloren gehen könnte, muss jeder für sich selbst bewerten. Sinnvoll ist es allemal, die Fristen im Kopf zu haben und nicht kurz vor Erreichen eines Anspruchs den Schichtdienst zu verlassen.

Der (verbindlich) frühere Pensionseintritt kann auch einen handfesten Nachteil haben: nämlich dann, wenn du in diesem Fall nicht auf deine 40 Dienstjahre kommst, die du für den vollen Pensionsanspruch brauchst. Davon sind vor allem „Spätberufene" betroffen, die erst mit 22 Jahren oder später in den Polizeidienst gestartet sind.

Kindererziehungszeiten und Pflege von Angehörigen

Eltern können sich für jedes Kind bis zu 36 Monate Erziehungszeit auf ihre Pension oder Rente anrechnen lassen. Die 36 Monate sind dabei eine rein fiktive Berechnungsgrundlage, ungeachtet der tatsächlich genommenen Elternzeiten oder Stundenreduzierungen. Die Kindererziehungszeit steigert die Pension (je nach Dienstherrn) um ca. 110 € pro Kind. Die Zeit kann zwischen den Eltern aufgeteilt werden, unabhängig von den tatsächlich ausgeübten Erziehungszeiten, Elternzeiten oder Stundenreduzierungen, und muss gegenüber der Pensionskasse erklärt werden. Für die Pension werden lediglich Erziehungszeiten während des Beamtenstatus angerechnet.

Zeiten, in denen man Angehörige gepflegt und dafür Arbeitsstunden reduziert hat, können ebenfalls auf die Pensionsansprüche angerechnet werden. Dafür wird ein gesondertes Rentenkonto bei der Deutschen Rentenversicherung eingerichtet, das dann später auf die Pension übertragen wird. Darum müsstest du dich im Fall der Fälle selbst bemühen.

Nebenverdienst in der Pension

Eine Nebentätigkeit in der Pension ist unproblematisch, nur muss sie beim Dienstherrn angezeigt bzw. von ihm genehmigt werden. Die Einkünfte sind steuerpflichtig.

Beispiel: Berechnung der Pensionsansprüche

In die Höhe der Pension spielen viele Faktoren hinein, was die Berechnung kompliziert macht. Die Pensionskassen der jeweiligen Dienstherren bieten auf Antrag individuelle Berechnung an und informieren auch in Vorträgen oder auf ihren Webseiten.

Beispielfall

Anna hat sich nach einem abgeschlossenen Sportstudium mit 24 Jahren für die Polizei entschieden. Zuvor hatte sie keine rentenversicherungspflichtigen Einkünfte. Nach ihrem Einstieg im mittleren Dienst hat sie ein Aufstiegsstudium in den gehobenen Dienst absolviert und geht nun nach 38 Dienstjahren als Oberkommissarin im Alter von 62 in die Pension. Sie hat nicht genug Schichtdienst für einen früheren Ruhestand mit voller Pension geleistet.

Für ihren Sohn hat Anna zwei unbezahlte Jahre Elternzeit genommen und zwei Jahre in Teilzeit zu 50 % gearbeitet. Abzüglich Teil- und Elternzeit hat sie somit für 35 Jahre Pensionsansprüche erworben. Sie erhält daher 62,78 % ihres letzten monatlichen Grundgehalts der Besoldungsstufe A 10 in der Erfahrungsstufe 8 in Höhe von ca. 4.300 € brutto.

Annas Kind ist mittlerweile erwachsen, und sie lebt in Scheidung. Den Familienzuschlag erhält sie daher nicht mehr, allerdings den Zuschlag für die Erziehungszeiten ihres Sohnes von ca. 110 €. Dies führt zu einer monatlichen Pension von rund 2.800 € brutto. Abzüglich einer Einkommenssteuerbelastung von ca. 20 % (fiktiver Wert) und der in der Pension notwendigen privaten Krankenversicherung von 350 € (fiktiver Wert) bleiben ihr ca. 1.900 € Pension (pessimistische Berechnung). Zwar gibt es aktuell noch steuerliche Versorgungsfreibeträge auf die Pensionen, diese fallen aber jährlich und sind ab 2040 vollständig abgeschafft.

Das Ergebnis wirkt auf den ersten Blick überschaubar, allerdings sind die Renten von Arbeitnehmern durchschnittlich geringer: Die monatliche Standardrente beträgt im bundesweiten Schnitt derzeit ca. 1.600 € brutto bzw. ca. 1.400 € netto.[10] Um ein ähnliches Niveau wie bei der Pension zu erreichen, müssten Arbeitnehmer monatlich mehrere hundert Euro ansparen oder investieren.

Haben Beamte Vorteile bei der Familiengründung?

Ja, definitiv! Die Familienzuschläge (siehe Kapitel „Was verdiene ich als Beamter?“ ab Seite 110) gibt es in der freien Wirtschaft nicht. Beamte mit Kindern haben außerdem einen Anspruch darauf, ihre Stundenzahl zu reduzieren (wodurch selbstredend auch die Bezüge sinken), und auf eine familienfreundlich ausgestaltete Stelle. Darüber hinaus können sie sich (wie „normale“ Arbeitnehmer) innerhalb der ersten acht Lebensjahre des Kindes bis zu drei Jahre unentgeltlich freistellen lassen.

Im Innendienst sind in der Regel flexible Dienstzeiten möglich. Home-Office an einzelnen Wochentagen ist häufig kein Problem, abhängig von der Stelle und IT-Ausstattung. Mit dem Außendienst lässt sich das Arbeiten von zuhause zwar nicht vereinbaren, dafür hat man im Schichtdienst unter der Woche oft frei und Zeit für die Familie. So lassen sich Familienleben und Beruf normalerweise gut unter einen Hut bringen.

Das Einstellungsverfahren

Wie und wo bewerbe ich mich?

Das hängt davon ab, wo du dich bewerben willst: bei einer der 16 Landespolizeien, bei der Bundespolizei, beim BKA oder bei der Polizei des Deutschen Bundestages? Am naheliegendsten ist sicher dein Heimatbundesland. Alternativen können die benachbarten Bundesländer und die Bundespolizei sein. Möglicherweise kommt auch das Bundeskriminalamt mit seinen Standorten Wiesbaden, Berlin und Meckenheim (bei Bonn) infrage, vielleicht auch aufgrund des eher administrativen Schwerpunkts?

Grundsätzlich eine gute Idee: Bewirb dich bei zwei oder drei Polizeien. So setzt du nicht alles auf eine Karte und kannst vor dem Auswahlverfahren deines Favoriten schon woanders Erfahrungen sammeln. Denke aber daran, dass ein späterer Wechsel zu einem anderen Dienstherrn nicht so einfach ist.

Bewerben kannst du dich bequem online. Dabei wirst du auch nach allen notwendigen Dokumenten gefragt, unter anderem:

- **Letztes Zeugnis** (du musst noch nicht zwingend einen Abschluss haben und kannst dein Abschlusszeugnis auch nachreichen)
- **Ausweiskopie**
- **Polizeiliches Führungszeugnis** (wird bei der Gemeinde/Stadt beantragt und von dort direkt an die Polizei verschickt)
- Ggf. **Bewerbungsschreiben** und **Lebenslauf** (nicht überall nötig)

Wenn du die formalen Voraussetzungen (wie auf den nächsten Seiten beschrieben) erfüllst, hast du große Chancen auf eine Einladung zum Auswahlverfahren. Überall in Deutschland werden Polizisten gesucht – Gründe sind der demografische Wandel und die Pensionierung der „Baby-Boomer", der geburtenstarken Jahrgänge der 60er- und 70er-Jahre.

Die Einstellungsberatung

Du hast Fragen zu den aktuellen Bewerbungskriterien, zu den Einstellungstests oder zu anderen Themen rund um die Bewerbung und den Karrierestart? Die Einstellungsberatung deiner anvisierten Polizei beantwortet sie dir gern.

Alle Infos zu den aktuellen Einstellungskriterien deiner Polizei und Links zu den Bewerberportalen findest du hier:

www.ausbildungspark.com/blog/karriere-bei-der-polizei/

Welche Voraussetzungen muss ich erfüllen?

Die Voraussetzungen der Beamtenlaufbahnen sind bundesweit ziemlich ähnlich. Die möglichen Unterschiede im Detail findest du auf der Webseite deiner Wunschpolizei.

Schulabschluss

Grundsätzlich öffnet der Realschulabschluss (Mittlere Reife) den Weg in den mittleren Dienst und das (Fach-)Abitur den Weg in den gehobenen Dienst. Infolge des Bewerbermangels gibt es vielerorts weitere Möglichkeiten, etwa mit Hauptschulabschluss und abgeschlossener Berufsausbildung für den mittleren Dienst oder mit Realschulabschluss und abgeschlossener Berufsausbildung für den gehobenen Dienst.

Staatsangehörigkeit

Die Staatsangehörigkeit ist für den Start einer Polizeikarriere enorm wichtig – es muss allerdings nicht unbedingt die deutsche sein. Auch mit einer EU-Staatsangehörigkeit bist du meist auf der sicheren Seite, gleiches gilt normalerweise für Norwegen, Liechtenstein und die Schweiz. Bei der bayerischen Polizei musst du für den gehobenen Dienst (hier: 3. Qualifikationsebene) jedoch Deutsche oder Deutscher sein.

Du hast eine Staatsbürgerschaft eines anderen Staates („Drittstaates")? Auch dann kannst du Glück haben. Meist hast du dann eine Niederlassungserlaubnis und eine Bewerbung ist grundsätzlich möglich. Frage bei Bedarf deine Einstellungsberatung – oder bewirb dich einfach und warte ab, was passiert. Viele Landespolizeien erwarten, dass du als „Drittstaatler" die Sprache deiner Staatsangehörigkeit (oft fälschlich als „Muttersprache" bezeichnet) in Wort und meist auch Schrift beherrschst.

Ein Migrationshintergrund hat für den Polizeiberuf sprachlich und im Kulturverständnis nur Vorteile. In manchen Bundesländern haben über 30 % der Anwärter einen Migrationshintergrund![11]

Fahrerlaubnis

„Fahrerlaubnis Klasse B" ist der Behördenausdruck für den Pkw-Führerschein, ein absolutes Muss bei der Polizei. Solltest du ihn noch nicht haben, weil du zu jung bist oder es einfach noch nicht geschafft hast, musst du dies bis zu einer gewissen Frist privat erledigen. Früher konnte man die Fahrerlaubnis auch bei der Polizei erwerben, heute geht das nur noch in Spezialfällen (Lkw, Motorrad …).

Wirtschaftliche Verhältnisse

Damit du nicht anfällig für Korruption und Bestechlichkeit wirst, darfst du nicht überschuldet sein. Ein solider Kredit für eine Eigentumswohnung oder ein Haus oder das finanzierte Auto sind kein Problem.

Persönlichkeit

Jeder Mensch ist anders, den klassischen Persönlichkeitstyp „Polizei" gibt es nicht. Bestenfalls bist du nicht vollkommen schüchtern und weder ein totaler Sportmuffel noch ein Einzelkämpfer. Ehrlichkeit, Loyalität, Zuverlässigkeit, Teamgeist und Pflichtbewusstsein solltest du mitbringen. Fleiß, Ehrgeiz und eine Portion Ausgeglichenheit sind auch gute Begleiter.

Charakterliche Eignung und „Vorstrafen"

Die hohen Anforderungen an Polizisten und Beamte verlangen auch nach charakterlicher Eignung. Das bedeutet, dass keine groben charakterlichen Mängel vorliegen und du im Bewerbungsverfahren einen guten Eindruck machst. Vor allem begangene Straftaten können dir einen Strich durch die Rechnung machen (müssen es aber nicht zwingend). Im Auswahlverfahren solltest du eventuelle negative Kontakte zur Polizei bzw. Staatsanwaltschaft ehrlich nennen und mit offenen Karten spielen.

Bei Ordnungswidrigkeiten ist es deutlich entspannter, denn sie werden selten bei der Polizei gespeichert. Wenn du also mit deinem Auto geblitzt worden bist und Post von der Bußgeldstelle bekommen hast, weiß die Polizei grundsätzlich nichts davon. Allerdings erfragen manche Bundesländer deine Punkte in Flensburg.

Was bedeutet „Vorstrafe"?

Der Begriff „Vorstrafe" wird im Alltagsgebrauch oft falsch verstanden – juristisch präzise steht er für die rechtskräftige Verurteilung durch ein Gericht oder für einen Strafbefehl durch die Staatsanwaltschaft. Der Ausdruck bezieht sich immer auf Straftaten. Von einer Vorstrafe spricht man nur bei einem Eintrag ins Führungszeugnis.

Das Führungszeugnis

Für deine Bewerbung brauchst du normalerweise ein Führungszeugnis zur behördlichen Vorlage. Manche Bundesländer fragen, deine Zustimmung vorausgesetzt, das Dokument eigenständig ab. Andernfalls beantragst du es (auf deine Kosten) bei deiner Gemeinde oder Stadt, die es dann direkt an die zuständige Stelle der Polizei schickt. Das Dokument enthält alle gegen dich verhängten Strafen, die im bundesweiten Zentralregister gespeichert wurden. Nicht aufgenommen werden Geldstrafen von höchstens 90 Tagessätzen, Freiheitsstrafen von maximal drei Monaten und Jugendstrafen von bis zu zwei Jahren auf Bewährung (siehe § 32 Bundeszentralregistergesetz). In das behördliche Führungszeugnis wird mehr aufgenommen als in das einfache Führungszeugnis (z. B. Waffen- oder Berufsverbote).

Polizeilicher Datenabgleich

Vor der Einladung zum Auswahlverfahren werden deine Daten mit den polizeilichen Erkenntnissen, vorwiegend jenen des betreffenden Bundeslandes, abgeglichen. Sollte dabei eine Straftat zum Vorschein kommen, kann deine charakterliche Eignung angezweifelt werden, abhängig vom zeitlichen Abstand und vom Delikt.

In Grenzfällen oder bei geringfügigeren Delikten wirst du wahrscheinlich trotzdem zum Auswahlverfahren eingeladen und der Sachverhalt im Gespräch erörtert. Das könnte etwa bei einem Ladendiebstahl in der Jugend, bei einer einfachen Körperverletzung oder einem Hausfriedensbruch der Fall sein.

Polizeilich bekannte Straftaten: Verhaltenstipps

Im Gespräch solltest du reflektiert und ehrlich deine Sicht der Dinge darlegen und begründen, weshalb du trotzdem für die Polizei geeignet bist. Keine Sorge: Die Polizisten wissen aus persönlicher und kriminologischer Erfahrung, dass kleinere Verfehlungen in der Jugendzeit vorkommen und das zum Erwachsenwerden dazugehören kann (wenn auch nicht sollte). Die Kriminologie sagt: Jugendkriminalität ist episodenhaft (geht vorbei), ubiquitär (betrifft nahezu alle Jugendlichen) und erfolgt meist mit überschaubarer Schwere (geringfügige Delikte). Typische, einmalige Jugendkriminalität signalisiert daher keine generelle charakterliche Ungeeignetheit, es kommt immer auf die Umstände an.

Kompliziert kann es werden, wenn dich die Polizei bei einem Vorfall als Beschuldigten erfasst hatte und sich später herausgestellt hat, dass du mit der Sache nichts zu tun hattest. Obwohl die Datensysteme immer aktuell sein sollten, kann es vorkommen, dass du weiterhin als ehemaliger Beschuldigter auftauchst. In dem Fall kann es ratsam sein, dass du dich über die gespeicherten Informationen informierst und sie gegebenenfalls korrigieren lässt.

Wie erfahre ich, welche Daten über mich gespeichert sind?

Das Bundesdatenschutzgesetz ermöglicht es dir, bei jeder deutschen Polizei die über dich gespeicherten Daten kostenlos zu erfragen („Petentenanfrage", vgl. § 57 BDSG). Bei Bedarf kannst du auch die Löschung oder Berichtigung beantragen (vgl. § 58 BDSG). Die Ansprechstellen sind häufig schwer zu ermitteln: Zuständig sind meist die Landeskriminalämter bzw. der zentrale Datenschutzbeauftragte, der am leichtesten über eine Internetsuche zu finden ist.

Für die Anfrage brauchst du keinen besonderen Vordruck, nur ein Anschreiben und eine Ausweiskopie. Die Bearbeitung dauert mehrere Wochen. Sinnvoll ist dieses Vorgehen bei einer Bewerbung nur bedingt, da es (viel) Zeit beansprucht.

Kostenlose Einsicht in das bundesweite Vorstrafenregister

Ab dem 14. Lebensjahr kannst du gemäß § 42 Bundeszentralregistergesetz beim Bundesamt der Justiz schriftlich um Einsicht in das Bundeszentralregister bitten. Einen kostenlosen Registerauszug kannst du allerdings nur beim Bundesamt in Berlin, einer Justizvollzugsanstalt oder an einem Amtsgericht einsehen, daher musst du im Antrag einen Dienstort der Justiz in deiner Nähe benennen.

Tätowierungen & Piercings

Tätowierungen und Piercings sind kein Zeichen für Kriminalität, sondern in der gesamten Gesellschaft verbreitet – glücklicherweise ist das mittlerweile bei allen Polizeien angekommen. Der Körperschmuck ist daher kein Ausschlussgrund mehr. Allerdings sollten Tattoos nur im nicht sichtbaren Bereich liegen und in Uniform, mit einem kurzen Hemd oder T-Shirt, verdeckt sein. Problematische Stellen sind vor allem Gesicht, Hals und Nacken, zum Teil auch die Unterarme sowie die unteren Oberarme. Dabei kommt es jedoch stets auf den Einzelfall an – und überall wird anders geprüft. Was die eine Polizei als Ausschlussgrund sieht, kann andernorts akzeptiert sein.

Die Tendenz geht seit Jahren zu einer liberaleren Auslegung. Oft sind Tattoos auch an den Unterarmen kein Problem, sofern die Tattoos im Dienst abgedeckt sind. Selten gibt es Auflagen, etwa das Entfernen des Tattoos (durch Laser) oder das Tragen einer Abdeckung („Strumpf").

Neben der Position des Tattoos steht bei der polizeiärztlichen Untersuchung auch das Motiv auf dem Prüfstand. Lässt es auf eine politische Gesinnung schließen, die der freiheitlich demokratischen Grundordnung zuwiderläuft? Absolut untolerierbar ist alles, was im Zusammenhang mit dem Nationalsozialismus steht; gleiches gilt für gewaltverherrlichende oder geschlechterfeindliche Inhalte. Fremdsprachliche Ausdrücke sollten nachvollziehbar übersetzbar sein, gelegentlich ist die offizielle Übersetzung eines Dolmetschers nötig – das erfährst du dann im Fall der Fälle.

Piercings oder Tunnel stellen bei deiner Einstellung kein Hindernis dar, sofern sie herausnehmbar sind – ansonsten könnten sie im Einsatz oder beim Sport schnell zu Verletzungen führen.

Eintreten für die freiheitlich demokratische Grundordnung (fdGO)

Klingt zunächst abstrakt, ist aber schnell erklärt: Du musst die Grundsätze des Grundgesetzes anerkennen und dich damit identifizieren. Zur freiheitlich demokratischen Grundordnung (fdGO) gehören gemäß § 4 (2) Bundesverfassungsschutzgesetz vor allem:

- Das Recht des Volkes auf Ausübung der Staatsgewalt durch Wahlen und Abstimmungen sowie durch Organe der Gesetzgebung, Exekutive und Judikative. Die Wahlen müssen allgemein, unmittelbar, frei, gleich und geheim sein.
- Bindung der Gesetzgebung an die verfassungsgemäße Ordnung (Grundgesetz) und der Exekutive und Judikative an Recht und Gesetz
- Recht auf Bildung einer parlamentarischen Opposition
- Ablösbarkeit der Regierung
- Unabhängigkeit der Gerichte
- Ausschluss der Gewalt- und Willkürherrschaft
- Die im Grundgesetz verankerten Menschenrechte

Die Grundrechte

Schwerpunkte deiner Beschäftigung mit der fdGO sollten neben dem Sozialstaat und der Demokratie vor allem die Grundrechte sein. Das bedeutet zum einen, dass du in Deutschland Staatsformen wie Autokratie, Diktatur oder Monarchie ablehnst, und zum anderen, dass du die Grundrechte kennst und befürwortest. Die wichtigsten Grundrechte stehen in den vorderen Artikeln des Grundgesetzes:

Artikel 1: Menschenwürde („Die Würde des Menschen ist unantastbar")

Artikel 2: Recht auf freie Entfaltung der Persönlichkeit sowie Recht auf Leben, körperliche Unversehrtheit und Freiheit

Artikel 3: Gleichheit vor dem Gesetz („Alle Menschen sind vor dem Gesetz gleich")

Artikel 4: Glaubens- und Gewissensfreiheit

Artikel 5: Meinungsfreiheit, Freiheit von Kunst und Wissenschaft

Artikel 6: Ehe, Familie und Kinder

Artikel 7: Schulwesen

Artikel 8: Versammlungsfreiheit

Artikel 9: Vereinigungs- und Koalitionsfreiheit

Artikel 10: Brief-, Post- und Fernmeldegeheimnis

Artikel 11: Freizügigkeit

Artikel 12: Berufsfreiheit

Artikel 13: Unverletzlichkeit der Wohnung

Artikel 14: Recht auf Eigentum und Erbe

Die fdGO wird dir im Auswahlverfahren nicht direkt als Begriff begegnen, deine Haltung zu ihr kann jedoch durchaus zur Debatte stehen. Im Auswahlgespräch könntest zum Beispiel gefragt werden, wie du zur Gleichberechtigung von Mann und Frau stehst oder ob du die Demokratie für ein gutes Staatssystem hältst.

Deine Treue zur fdGO kann angezweifelt werden, wenn du die Legitimität des politischen Systems aberkennst oder die Bundesrepublik in ihren

Grundsätzen anzweifelst. Verdächtig wären Aussagen wie „die Demokratie ist gescheitert, wir brauchen eine direkte Führung", „die Bundesregierung ist eine Marionette der USA" oder „Ausländer sollten weniger Rechte haben als Deutsche". Du musst jeden Menschen als gleichberechtigt ansehen und darfst niemanden etwa aufgrund von Herkunft, sexueller Orientierung, Hautfarbe oder Geschlecht abwerten.

Warum ist die Identifikation mit der fdGO so wichtig? Ganz einfach: Weil Beamte sie verinnerlichen und auch gegenüber Verfassungsfeinden verteidigen müssen. Beamte sind sozusagen Schützer des Grundgesetzes und sollen den Fortbestand des Staates sichern. Im Extremfall auch im Einsatz gegen Verfassungsfeinde, welche die Bundesrepublik unterwandern oder ihre Grundlagen abschaffen möchten.

Somit wärst du sogar in deiner Freizeit verpflichtet, das Grundgesetz zu verteidigen und bei entsprechenden Vorfällen einzuschreiten. Wenn zum Beispiel im Freundeskreis rassistische Äußerungen oder Sätze wie „Frauen gehören an den Herd und nicht an die Uni" fallen, solltest du das kritisch hinterfragen und die verfassungsmäßigen Grundsätze darlegen.

Alter

Je nach Polizei gelten eigene Höchstgrenzen. Generell sind sie zuletzt infolge des Bewerbermangels weiter nach oben gerückt. Zeiten in Elternzeit, im freiwilligen sozialen Jahr oder bei der Bundeswehr können das Höchstalter ebenfalls verschieben.

Wie oft und in wie vielen Bundesländern kann ich mich bewerben?

Du kannst dich bei jeder Polizei bewerben, unabhängig von deinem Wohnort. Solltest du ein Auswahlverfahren nicht bestehen, ist mindestens ein weiterer Anlauf möglich.

Hast du ein Polizeistudium im gehobenen Dienst wegen schlechter Leistungen nicht bestanden, kannst du andernorts meist keines mehr aufnehmen. Wobei es auch hier Ausnahmen gibt. So bietet etwa die Bundespolizei im gehobenen Dienst nach wie vor ein Diplomstudium an (keinen Bachelor), und in Diplomstudiengängen ist eine zweite Chance nach einem gescheiterten Bachelorstudium durchaus möglich. Einer Bewerbung für den mittleren Dienst steht ein erfolgloses Studium ohnehin nicht entgegen.

Im mittleren Dienst ist die Lage generell einfacher. Nach einer abgebrochenen oder nicht bestandenen Polizeiausbildung kannst du in einem anderen Bundesland einen neuen Versuch starten. Allerdings solltest du dann im Bewerbungsverfahren deine Motivation gut darlegen können.

Soll ich mich für den mittleren oder den gehobenen Dienst bewerben?

Das hängt zunächst von deinem Schulabschluss ab. Für den mittleren Dienst benötigst du mindestens den Realschulabschluss, in einigen Bundesländern genügt auch der Hauptschulabschluss mit einer abgeschlossenen Berufsausbildung. Für den gehobenen Dienst brauchst du das (Fach-)Abitur, alternativ den Realschulabschluss und eine abgeschlossene dreijährige Berufsausbildung.

Viele Landespolizeien stellen nicht mehr im mittleren Dienst ein (siehe Seite 222). Falls du die Wahl hast und die Zugangsvoraussetzungen für beide Laufbahnen erfüllst, ist eine Bewerbung für den gehobenen Dienst definitiv sinnvoll: Hier winken in der Regel bessere Aufstiegschancen, mehr Verwendungsmöglichkeiten und eine höhere Besoldung.

Solltest du das Auswahlverfahren für den gehobenen Dienst nicht bestehen, kannst du dich immer noch für den mittleren Dienst bewerben. Nach ein paar Dienstjahren kannst du dich dann unter bestimmten Voraussetzungen für ein Aufstiegsstudium bei vollem Gehalt qualifizieren.

Kann ich mich direkt für die Wunschdienststelle bewerben?

Du kannst dir zwar den Dienstherrn aussuchen, aber nicht den genauen Dienstort zum Karrierestart, und dich nur selten gezielt auf eine Region bewerben. Die größeren Landespolizeien haben mehrere Standorte für die Ausbildung bzw. das Studium, die kleineren meist nur einen zentralen. Im Bewerbungsverfahren kannst du deine favorisierten Standorte nennen, eine Garantie ist das allerdings nicht. Nach Ausbildungs- oder Studienbeginn lässt sich der Standort im Einzelfall mit wichtiger Begründung wechseln.

Quereinstieg in die Polizei – geht das?

Ein Quereinstieg ist auf jeden Fall eine gute Idee! So mancher Anwärter hat vorher einen anderen Beruf erlernt, sich während einer enttäuschenden Ausbildung zum Umsatteln entschieden, ein Studium abgebrochen oder es sogar beendet. Quereinstiege sind keine Seltenheit.

Auch mit über 30 Jahren ist man als Berufsanfänger bei der Polizei nicht außen vor. Ganz im Gegenteil: Die Berufs- und Lebenserfahrung ist viel wert und übersteigt bei weitem den gefühlten Nachteil, wieder die Schulbank drücken zu müssen. Eine entsprechende Gelassenheit, Menschenkenntnis und der vorhandene Weitblick wirken sich beim Karrierestart sehr positiv aus, vor allem in den Praktika. Kleiner Bonus am Rande: Ab (ungefähr) dem 30. Lebensjahr sind die geforderten Leistungen im Sport etwas geringer.

Wer vorher im Handwerk tätig war, weiß die Annehmlichkeiten des Polizeiberufs oft schnell zu schätzen: Dazu zählen zum Beispiel der meist vorhandene Wetterschutz und die zuverlässige Besoldung. Für Quereinsteiger aus kaufmännischen Bereichen wird der Polizeiberuf meist durch

Highlights wie den abwechslungsreichen Tagesablauf, den Bürgerkontakt und die Vielfalt an Entwicklungsmöglichkeiten attraktiv.

Das Gehalt beim Quereinstieg

Die Besoldung ist unabhängig vom Lebensalter. Hast du in deinem früheren Beruf gutes Geld verdient, wirst du dich als Polizeianwärter oder -anwärterin erstmal wieder mit ca. 1.200 € bis 1.400 € netto anfreunden müssen. Gegebenenfalls kommen Zuschläge für Kinder oder Verheiratete hinzu und falls du Vorerfahrungen im öffentlichen Dienst oder bei der Bundeswehr mitbringst, rutschst du eventuell in eine höhere Erfahrungsstufe.

Die Anrechnung von Credits aus früheren Studiengängen kann zwar theoretisch möglich sein, in der Praxis jedoch größere bürokratische Hürden mit sich bringen. Dies müsstest du ganz konkret und am besten schriftlich bei der jeweiligen Polizeihochschule erfragen.

Wie läuft das Auswahlverfahren ab?

Die Eignungsauswahlverfahren (EAV) sind allesamt relativ ähnlich aufgebaut. Sie bestehen aus mehreren eingeständigen Prüfungsteilen, dauern insgesamt oft zwei Tage und finden an einem der Ausbildungs- bzw. Studienstandorte statt. Dort wird dir eine kostenlose Unterkunft gestellt, alternativ kannst du auch zu Hause übernachten.

Die klassischen Bestandteile des polizeilichen Auswahlverfahrens sind:

- ein kognitiver Test
- ein Sporttest
- eine ärztliche Untersuchung

- vor allem im gehobenen Dienst ein Assessment-Center mit Modulen wie Gruppenaufgabe, Gruppendiskussion, Rollenspiel, Präsentation oder Postkorbübung
- ein Einzelgespräch (Interview)

Stellenweise erwarten dich noch weitere Prüfungen wie Reaktionstests oder Erörterungen. Jede Station wird für sich bewertet und muss bestanden werden, um im Rennen zu bleiben.

Kognitiver Test

Der kognitive Test findet oft am PC statt, nur vereinzelt muss man für die Prüfung oder Teile davon (z B. Diktat) noch zu Stift und Papier greifen. Auf dem Prüfstand können verschiedene Fähigkeiten stehen:

- Sprachbeherrschung (Rechtschreibung und Grammatik, ggf. auch Textverständnis, Ausdrucksvermögen)
- Mathematisches Grundverständnis (inkl. Dreisatz und Kopfrechnen)
- Logisches Denken
- Räumliches Denken
- Konzentration und Merkfähigkeit
- Allgemeinwissen

Sporttest

Fast alle Polizeien veranstalten einen eigenen Sporttest. Eine Ausnahme ist unter anderem Nordrhein-Westfalen, dort brauchst du stattdessen das Deutsche Sportabzeichen in Bronze, das du vor der Bewerbung bei einem Sportverein ablegen musst.

Alle Informationen findest du auf der Homepage der jeweiligen Polizei. Häufige Disziplinen im Sporttest sind:

- Achterlauf

- Ausdauerlauf
- Bankdrücken
- Cooper-Test
- Hindernisparcours/Koordinationstest
- Jump-and-reach-Test
- Kasten-Bumerang-Test
- Klimmzüge/Klimmzughang
- Liegestütze
- Pendellauf
- Personenrettung
- Standweitsprung
- Wendelauf

Der Sporttest ist teilweise echt knackig, aber hervorragend zu trainieren. Schwierig ist es oft vor allem, eine geeignete Trainingsumgebung und die benötigten Geräte zu organisieren. Möglicherweise kannst du dich bei einem Sportverein anmelden und um Unterstützung bitten? Vielleicht hast du auch einen guten Draht zu Sportlehrern in der Schule und kannst in einer Freistunde zusammen mit anderen Polizeiinteressierten trainieren?

Deine Grundlagenausdauer kannst du einfach durch Joggen oder Fahrradfahren auf Vordermann bringen. Musst du Gewichte beim Bankdrücken stemmen, ist eine Anmeldung im Fitnessstudio eine gute Idee. Nimm dir zur Vorbereitung mindestens mehrere Wochen Zeit.

Ärztliche Untersuchung

Die polizeiärztliche Untersuchung richtet sich nach der Polizeidienstvorschrift 300 und soll sicherstellen, dass nur geeignete, gesundheitlich taugliche Bewerber eingestellt werden. Mehr dazu ab Seite 88.

Assessment-Center

Der Begriff Assessment-Center steht für verschiedene Teilprüfungen, die vor allem im gehobenen Dienst vorkommen. Die häufigsten Stationen sind:

Gruppendiskussion

Zusammen mit ungefähr drei bis fünf anderen Bewerbern erhältst du eine Aufgabe oder fiktive Geschichte, zu der ihr euch austauschen sollt. Das klassische Beispiel ist der Bau einer Weltraumstation auf einem fremden Planeten. Welche Schritte oder Probleme sollten zuerst angegangen werden: der Anbau von Lebensmitteln, die Produktion von Sauerstoff, die Kommunikation zur Erde …? Dieses Prinzip lässt sich gut auf andere Themen übertragen, zum Beispiel auf den Bau eines neuen Markplatzes: Was ist am wichtigsten – die Parkplätze, die Gastronomie, die Anbindung des Nahverkehrs …?

In der Diskussion solltest du mit Argumenten inhaltlich überzeugen und nicht nur Redezeit durch ständiges Wiederholen füllen. Du solltest präsent, aber nicht zu dominant sein und gegebenenfalls auch stillere Teilnehmer auffordern, ihre Meinung darzulegen.

Oft wählt die Gruppe jemanden, der die Zeit im Auge hat und Ergebnisse notiert: Übernimmst du diese Rolle, bleibst du immer präsent – allerdings fällt es dir vielleicht schwerer, dich argumentativ einzubringen, wenn du dich parallel auf deine Zusatzaufgabe konzentrierst.

Die Gruppenaufgabe kannst du vorab gut mit der Familie oder Freunden üben. Selbst wenn das nicht völlig ernst ablaufen sollte: Du hast die Situation schon mal erlebt und weißt vielleicht sogar, wo deine Schwächen und Stärken liegen.

Präsentation

Du erhältst ein Thema und sollst nach einer Vorbereitungszeit fünf oder zehn Minuten lang vor den Bewertern (ca. zwei bis vier Personen) referieren. Das Thema kann real oder auch fiktiv sein (z. B. die Freigabe von Schusswaffen in Deutschland oder ein Verbot von Hunden in der Stadt). Deine inhaltlichen Argumente sind eher nebensächlich, Fachwissen brauchst du keines. Wichtig ist, dass du deine Position klar und nachvollziehbar darstellst und einigermaßen in der Zeit bleibst. Auch das lässt sich gut trainieren – und eventuell kannst du bereits ein wenig Wissen zu den Grundrechten oder den Aufgaben der Polizei einbringen.

Postkorbübung

Diese Übung prüft deine Konzentration und Stressbelastung. Eine beispielhafte Aufgabenstellung wäre, in einer bestimmten Zeit möglichst viele Aufgaben in einem Arbeitsheft zu erledigen, während du gleichzeitig Telefonate annimmst, den Kalender deines Vorgesetzten im Auge behältst und mit einer anderen Person sprichst. Konzentriere dich auf das Wesentliche, trenne das Wichtige vom Unwichtigen und bleibe fokussiert und gelassen.

Rollenspiel

Rollenspiele simulieren fast immer realitätsnahe Arbeitssituationen. In der Regel sind dabei zwei bis drei verschiedene Charaktere zu besetzen – oft spielt sogar einer der Prüfer mit. Als Ausgangsszenario dient häufig eine heikle soziale Konstellation. Ein Beispiel: Du stellst als Polizist einen Kollegen zur Rede, der in der letzten Zeit sehr nachlässig war und dich ein ums andere Mal hängengelassen hat.

Einzelgespräch

Das Einzelgespräch oder auch „Interview" findet normalerweise am Ende des Auswahlverfahrens statt. Dir gegenüber sitzen zwei oder sogar mehr Personen (in der Regel Polizisten). Möglicherweise ist auch eine psychologisch geschulte Person oder jemand vom Personalrat anwesend.

Das Gespräch kann zwischen 20 und 40 Minuten dauern und ist grundsätzlich locker. Vertieftes Detailwissen zur Polizei brauchst du nicht, das Grundsätzliche solltest du allerdings wissen: der Aufbau und die Aufgaben der Polizei allgemein, die Organisation deines möglichen Dienstherrn, der Ausbildungs- bzw. Studienverlauf, mögliche Einsatzgebiete. Darüber hinaus werden dir klassische Vorstellungsgespräch-Fragen gestellt, die deine Motivation, deine Vorstellung vom Polizeiberuf und deine Ziele abklopfen.

Außerdem wird geprüft, wie du zum Grundgesetz und zur freiheitlich demokratischen Grundordnung stehst – Stichwort charakterliche Eignung (siehe Seite 73). Das Thema wird nicht konkret benannt, spielt aber an vielen Stellen hinein, etwa bei Fragen zur Gleichberechtigung, zur interkulturellen Kompetenz oder zum Asylrecht für Geflüchtete. Knifflig sind zudem Fragen zu persönlichen Problemen, bewältigten Konflikten, eigenen Stärken und Schwächen oder Gewalt bzw. polizeilicher Gewaltanwendung (z. B. Schusswaffengebrauch).

Oft sprechen die Interviewer auch die aktuelle Tagespolitik und das Weltgeschehen an. Verfolge in den Tagen vor dem Gespräch die allgemeinen Medien (z. B. Tagesschau); idealerweise machst du dir Gedanken zu möglichen Fragestellungen und tauschst dich mit anderen dazu aus.

Übe das Gespräch unbedingt vorher mit der Familie oder Freunden, um ein Gefühl für die ungewohnte Situation zu bekommen.

Was ist das Besondere an der polizeiärztlichen Untersuchung?

An der polizeiärztlichen Untersuchung führt kein Weg vorbei – und sie ist eine besondere Hürde im Auswahlverfahren: Schließlich kannst du sie selbst kaum beeinflussen. Die Untersuchung richtet sich nach der bundesweit geltenden Polizeidienstvorschrift (PDV) 300 und soll sicherstellen, dass du vollständig gesund bist und deinen Dienst künftig möglichst uneingeschränkt versehen kannst. Und im Interesse des Dienstherrn sollte das bis zum Pensionseintritt so bleiben. Dabei stellt sich die Frage: Was ist noch „normal", was könnte perspektivisch negativ sein? In manchen Bereichen macht die PDV 300 klare Vorgaben, in anderen bleibt etwas Spielraum.

Sehen und Hören

Der Sehtest besteht oft aus mehreren Teilen: Dazu gehören etwa das Farbensehen („Welche Zahl sehen Sie auf dem Hintergrund?"), die räumliche Wahrnehmung bzw. das Erkennen von Buchstaben oder von Öffnungen in einem Ring.

Deine Ohren werden durch einen klassischen Hörtest geprüft, bei dem du einen Kopfhörer trägst und oft in einer isolierten Kabine sitzt. Die Töne beginnen sehr leise und werden dann immer lauter. Sobald du sie hörst, sollst du einen Knopf drücken.

> Für das Sehvermögen macht die PDV 300 klare Vorgaben. Die Werte richten sich nach dem Alter. Fällst du wegen deiner Sehleistung durch, frage den Arzt, ob du dich ein paar Jahre später noch einmal bewerben solltest. Größere Optikerketten bieten kostenlos oder günstig kurze Sehtests an. Sie sind zwar nicht so umfassend wie beim Polizeiarzt, aber für eine grobe Einschätzung reicht es.

Gewicht

Als Standardwerkzeug zur Einschätzung des Gewichts dient dem polizeiärztlichen Dienst der Body-Mass-Index (BMI) nach der Formel: BMI = m / l^2. Du dividierst also deine Körpermasse (in Kilogramm) durch deine mit sich selbst multiplizierte Körpergröße (in Metern). Ein Beispiel:

Körpergröße: 1,70 m
Körpergewicht: 65 kg
BMI: $65 \div (1{,}7 \times 1{,}7) = 22{,}49$

Bei Männern liegt der „Normal-BMI" zwischen 20 und 25, bei Frauen zwischen 19 und 24. Solltest du deutlich davon abweichen, kann ein (deutliches) Unter- oder Übergewicht vorliegen. In dem Fall wäre es ratsam, das Gewicht vor der ärztlichen Untersuchung durch Sport und Änderung der Ernährungsgewohnheiten anzupassen. Übrigens: Auch zu viel Muskelmasse kann den BMI nach oben treiben – durch Bodybuilding antrainierte Muskelgebirge können somit schlimmstenfalls zum Ausschluss führen.

Lungenfunktionstest

Bei diesem Test musst du in ein Röhrchen pusten und möglichst viel Luft gleichmäßig ausatmen. So wird geprüft, ob deine Lunge gesund und voll funktionsfähig ist.

Zähne

Die meisten Polizeiärzte verlangen den Untersuchungsbericht eines externen Zahnarztes, aus dem hervorgeht, ob du Karies oder Füllungen hast oder Zähne fehlen. Bei der Bewerbung solltest du keine akute Karies haben und eine kieferorthopädische Behandlung sollte (absehbar) abgeschlossen sein. Ist nach dem Behandlungsende zur Stabilisierung der Zähne ein „Draht" (Retainer) an den vorderen Zähnen nötig, sollte das kein Problem sein.

Implantate

Implantate, zum Beispiel in der Brust, sind unter bestimmten Voraussetzungen zulässig. Grundsätzlich müssen sie verletzungsunanfällig und schnittfest sein – das ist mit dem ärztlichen Dienst zu klären. Die Details bestimmen die jeweiligen Dienstherren.

Belastungs-EKG

Auf einem Ergometer („Indoor-Fahrrad") werden am nackten Oberkörper (bei Frauen im BH) mehrere Sensoren eines Elektrokardiogramms angebracht, das deinen Puls und weitere Werte misst. Nun musst du auf dem Ergometer deine Leistung zeigen. Du startest locker auf einer einfachen Belastungsstufe und steigerst dich schrittweise, abhängig von deinem Alter und deiner maximalen Herzfrequenz. Das Ganze dauert zehn bis 15 Minuten und kann ziemlich schweißtreibend werden. Anschließend wird deine Belastbarkeit ausgewertet.

Tipps für die Untersuchung

Die ärztliche Untersuchung lässt sich kaum nennenswert beeinflussen, allerdings kannst du im Vorfeld ein paar Dinge beachten:

- Ernähre dich im Vorfeld gesund und verzichte auf Alkohol. Verbotene Drogen sind selbstverständlich tabu. Auch ein Übermaß an Fitnessshakes oder Energydrinks kann deine Blutwerte verändern, verzichte also lieber darauf.
- Oft heißt es, dass du mit durchgestreckten Beinen mit den Fingern den Boden berühren können solltest. Das ist allerdings nicht das eigentliche Ziel, sondern dient den Ärzten vor allem für den Blick auf deine Wirbelsäule und zum Erkennen möglicher Fehlstellungen.

- Für das Belastungs-EKG kannst du sehr gut im Vorfeld trainieren. Geeignet ist nahezu jeder Ausdauersport wie Joggen, Schwimmen oder Fahrrad fahren. Absolviere schon mehrere Wochen vor der Untersuchung Trainingseinheiten von mindestens 30 Minuten und einer moderaten, aber spürbaren Intensität. So bringst du dein Herz-Kreislauf-System auf Touren – was dir auch im Sporttest zugutekommt.
- Das EKG bringt dich zum Schwitzen, nimm also Wechselkleidung mit oder trage am besten gleich Sportkleidung.

Wie lange dauert das Bewerbungsverfahren?

Das lässt sich nicht pauschal sagen. Zwischen der Bewerbungsfrist und der Einladung zum Auswahlverfahren liegen in der Regel mehrere Wochen, es kann aber auch deutlich schneller gehen. Das Auswahlverfahren schließlich dauert mit allen Tests und Untersuchungen meist zwei Tage, im Anschluss erhältst du im Erfolgsfall eine mündliche Einstellungszusage oder erfährst zumindest eine Tendenz. Die abschließende Mitteilung kommt dann zeitnah per Post oder E-Mail.

Was hat es mit der Rangliste auf sich?

Die Leistungen im Auswahlverfahren werden in der Regel in Punktwerte umgerechnet, aus denen sich eine Rangliste ergibt. Bei einem starken Teilnehmerfeld kann es theoretisch passieren, dass du zwar alle Prüfungen bestehst, aber trotzdem keine Einstellungszusage erhältst, weil andere mehr Punkte gesammelt haben. In Zeiten des Personalmangels ist das jedoch recht unrealistisch – ein bestandenes EAV führt sehr wahrscheinlich auch zu einer Zusage.

Wie sollte ich mich vorbereiten?

Mache dich unbedingt vorher mit den Prüfungen vertraut! Am besten übst du gezielt für das Auswahlverfahren bei deiner Polizei, denn die Unterschiede sind groß. Die meisten Bewerberinnen und Bewerber scheitern Jahr für Jahr am schriftlichen bzw. PC-gestützten kognitiven Einstellungstest sowie am Sporttest. Häufig werden deine Rechtschreibkenntnisse mit einem Diktat geprüft – hier sind die Durchfallquoten besonders hoch. Fange rechtzeitig mit deiner Vorbereitung an! Idealerweise solltest du dafür mehrere Wochen einplanen.

Aber keine Panik: Speziell für den schriftlichen Test hast du jede Menge Möglichkeiten, dich umfassend vorzubereiten. Du möchtest bequem und flexibel am Smartphone, Tablet, Laptop oder PC üben? Dann empfiehlt sich der Online-Testtrainer „eTrainer" speziell für das Testverfahren deiner Polizei (www.etrainer.de). Falls du lieber mit Stift und Papier arbeitest, findest du passende Prüfungspakete beim Ausbildungspark Verlag auf www.ausbildungspark.com. Auch zu den Themen Bewerbung, Vorstellungsgespräch, Sporttest und Assessment Center wirst du hier fündig.

www.etrainer.de/polizei-einstellungstest/

Der Start in die Ausbildung / das Studium

Wie schwer ist die Ausbildung / das Studium?

Kurz gesagt: Mit etwas Biss und Motivation lassen sich alle Hürden meistern! Beim Büffeln am Schreibtisch wirst du dich auch mal quälen müssen, dafür steht in den Praktika auf den Dienststellen das praktische Lernen und Erleben im Mittelpunkt. Jede Polizei hat leicht unterschiedliche Anforderungen und Schwerpunkte.

Die Durchfallquoten sind überschaubar. In einer Studien- oder Ausbildungsgruppe mit 15 bis 30 Anwärtern scheiden während der gesamten Zeit meist nur wenige aus. Mögliche Ursachen sind zum Beispiel mangelhafte Noten, Disziplinarverfahren wegen Fehlverhaltens oder auch private Beweggründe.

Die praktischen Prüfungen beim Sport können für unsportlichere Anwärter eine Herausforderung sein. Doch generell ist nur wenig Feinkoordination nötig und das meiste lässt sich ausgezeichnet trainieren, sodass du dich gut über mehrere Wochen vorbereiten kannst. Mit Geduld, Willensstärke und Ausdauer sind die Mindestanforderungen zu schaffen.

Am Anfang wirst du wahrscheinlich von den ganzen Rechtsfächern und Definitionen überfordert sein – keine Sorge, nach ein paar Wochen wirst du jedes Gesetz lesen und verstehen können. Probleme tauchen oft bei Hausarbeiten oder der Abschlussarbeit im Studium (Bachelorthesis) auf: Wissenschaftliches Schreiben wird in der Schule selten geübt. Vielen fällt es zunächst schwer, richtig mit Quellen umzugehen, ordentlich zu zitieren oder dem roten Faden zur Beantwortung einer Forschungsfrage zu folgen. Allerdings lässt sich das gut lernen – und erfahrenere Kollegen oder Freunde an anderen Hochschulen sind gute Berater.

Tipps für Klausuren und Arbeiten

- Du hast Rechtschreibprobleme oder generell moderate Deutschkenntnisse? Dann suche dir jemanden, der deine Hausarbeiten vor der Abgabe noch einmal gegenliest.
- Hilfreich zur Klausurvorbereitung: Suche dir Lerngruppen, übe mehrfach Probeklausuren und hole dir Unterstützung bei Dozenten, notenstarken Kommilitonen oder Ausbildungskollegen. Der Teamgedanke ist nicht nur später wichtig, er kann dir auch jetzt schon zu deutlich besseren Noten verhelfen.
- Viele unterschätzen den Umfang des Prüfungsstoffes: Die Lernphase vor einer Klausur kann schon mal mehrere Wochen in Anspruch nehmen.

Geschenkt erhältst du deinen Abschluss nicht, aber denke daran: Dein Dienstherr hat dich eingestellt, um dich später auch einsetzen zu können – deine Dozenten und Ausbilder geben dir die nötige Unterstützung. Freue dich auf eine spannende und abwechslungsreiche Zeit, vor allem die Praktika machen richtig Spaß! Natürlich ist Fleiß und manchmal ein wenig Durchbeißen angesagt – zögere nicht, um Hilfe zu fragen.

Wie viel verdiene ich in der Ausbildung / im Studium?

Im mittleren Dienst liegen die Anwärterbezüge bei monatlich ca. 1.300 € brutto, im gehobenen Dienst bei ca. 1.400 €. Zieht man die Steuern und gegebenenfalls Beiträge zur privaten Krankenversicherung ab (als Anwärter ca. 50 € bis 70 € im Monat), bleiben noch gut 1.250 € netto über (je nach Dienstherrn bis zu 100 € mehr oder weniger). Bei Verheirateten und mit Kindern kann der Betrag entsprechend höher ausfallen (siehe Kapitel „Was verdiene ich bei der Polizei?" ab Seite 110). Falls du eine Steuererklärung machst, können pro Jahr um die 1.000 € der gezahlten

Steuern wieder an dich zurückfließen (siehe Kapitel „Gibt es Besonderheiten bei der Steuererklärung?“ ab Seite 124).

Eine Besonderheit gibt es in Bayern: Hier wirst du im zweiten Ausbildungs- oder Studienjahr zum Polizeioberwachtmeister (A 5) befördert. Danach erhältst du keine Anwärterbezüge mehr, sondern das Gehalt eines Oberwachtmeisters (ca. 2.100 € netto).

Die vergleichsweise niedrigen Bezüge sind für Quereinsteiger, die im bisherigen Job deutlich mehr verdient haben, manchmal abschreckend. Trotzdem kann sich der Wechsel zur Polizei mittel- und langfristig auch finanziell lohnen, allein durch die im Vergleich zur Rente deutlich höheren Pensionsansprüche im Alter.

Bekomme ich eine Unterkunft und Verpflegung gestellt?

Bei den meisten Landespolizeien verbringst du deine Ausbildung oder dein Studium mehr oder weniger am gleichen Standort, abgesehen von den praktischen Übungen bei der Bereitschaftspolizei (oft mehrere Monate am Stück) und den Praktika. Bei manchen Dienstherren finden die Module wiederum an verschiedenen Standorten statt. Vor allem bei der Bundespolizei musst du öfter bundesweit umziehen.

Für den gehobenen Dienst bieten immer weniger Dienstherren Unterkünfte auf dem Polizeigelände an. Wenn doch, sind sie normalerweise freiwillig und dann auch kostenpflichtig. In Rheinland-Pfalz beispielsweise kostet das möblierte Einzelzimmer aktuell 103 €, das Zweibettzimmer 72 €. Die meisten Studierenden organisieren sich privat eine Wohnung oder ein WG-Zimmer in Hochschulnähe, das je nach Studienort mit ungefähr 300 € bis 500 € zu Buche schlägt. Eventuell hilfreich bei der Wohnungssuche: Wirf vorab einen Blick auf die schwarzen Bretter an den Studienorten.

Im mittleren Dienst ist eine günstige oder sogar kostenlose dienstliche Unterbringung dagegen noch gängige Praxis. In der Regel teilst du dir ein Zimmer mit einem oder mehreren Anwärtern bzw. Anwärterinnen des gleichen Geschlechts. Wenn du zu den mehrwöchigen Praktika auf den Dienststellen aufbrichst, musst du deine Stube meist räumen und beziehst danach eine neue. Zur Motivationssteigerung und für den guten „ersten Eindruck" sind die Räumlichkeiten zu Ausbildungsbeginn übrigens oft etwas moderner als die späteren Unterkünfte. Manchmal – etwa bei der Bundespolizei – wird das Wohnen in der Gemeinschaftsunterkunft auch dienstlich angeordnet.

Einige Polizeien kooperieren mit Vermietungsgesellschaften, oft suchen auch private Vermieter mittels Aushang oder Beitrag im polizeiinternen Intranet potenzielle Mieter. Darüber hinaus gibt es sogenannte Landes- bzw. Bundesbedienstetenwohnungen – „normale" Wohnungen, die nur an Beamte vermietet werden und oft etwas günstiger sind. Zugriff darauf erhältst du nur intern.

An jedem Ausbildungsort gibt es zumindest eine Cafeteria, häufig sogar eine Kantine, die einigermaßen kostengünstige Gerichte anbietet. Vegetarische Menüs zählen zum Standard, speziellere Wünsche (vegan, koscher, halal) werden nur selten bedient. Manche Dienstherren sind durchaus spendabel und subventionieren die Gastronomie großzügig oder betreiben sie gleich selbst. Das Frühstücksbuffet und selbst das Mittagessen schlagen daher gegebenenfalls nur mit ein paar Euro zu Buche. Abendessen gibt es meist nur bis ungefähr 18 Uhr, dann schließen die Kantinen. Die örtlichen Lieferdienste sind daher bestens mit den Adressen der Liegenschaften vertraut und überreichen dir an der Schranke gern dein wohlverdientes Abendessen.

In den Unterkünften gibt es auch Küchen, in denen du eigene Speisen zubereiten kannst. Manche Anwärter stellen sich sogar einen eigenen

Kühlschrank ins Zimmer – mit Blick auf die lokalen Brandschutzvorgaben ist das allerdings nicht überall erlaubt.

Wie sehen die Lehrinhalte aus?

Egal ob Ausbildung im mittleren Dienst oder Studium im gehobenen Dienst: Die Grundlagen sind überall dieselben. Hinzu kommen spezielle Inhalte je nach Laufbahn und Bundesland. So erfährst du zum Beispiel bei der Bundespolizei weniger über das Verkehrsrecht, da die Verkehrsüberwachung originäre Aufgabe der Landespolizeien ist. Im Gegenzug vertiefen sich Bundespolizisten stärker in das Aufenthaltsrecht. Beim BKA spielt das Verkehrsrecht gar keine Rolle, die Schwerpunkte liegen hier unter anderem in Kriminalistik und Kriminologie.

Grobe Übersicht der Lehrinhalte

Grundlegende Fächer

- **Staatsbürgerkunde / Staats- und Verfassungsrecht:** historische und juristische Grundlagen der Bundesrepublik Deutschland, Grundgesetz und Grundrechte
- **Strafrecht:** juristische Grundlagen der Strafverfolgung, vor allem das Strafgesetzbuch (u. a. Prüfungsschemata für Körperverletzung, Diebstahl und Sexualdelikte)
- **Strafprozessrecht:** Durchsetzung des Strafrechts durch die Strafprozessordnung (StPO), sozusagen das juristische Werkzeug für Maßnahmen wie Festnahmen oder Durchsuchungen
- **Polizeirecht:** Gesetze für präventive polizeiliche Maßnahmen wie den Platzverweis, die Ausnüchterung oder die Sicherstellung gefährlicher Gegenstände
- **Einsatzlehre:** (strategische) theoretische Grundlagen für polizeiliche Einsätze wie die Personenfahndung, den Einsatz in Demonst-

rationen oder die Nutzungsmöglichkeiten eines Polizeihubschraubers (Schlagwort „Beurteilung der Lage").

- **Gesellschaftswissenschaften:** Grundlagen der Politik, Soziologie und Psychologie
- **Kriminalwissenschaften:** Kriminalistik (u. a. Tathypothesen, Vernehmungstaktik, Spuren) und Kriminologie (Lehre vom Verständnis der Kriminalität mit Ursachen und Präventionsmöglichkeiten)
- **Dienstrecht:** beamtenrechtliche Grundlagen des Dienstverhältnisses (z. B. Pflichten, Disziplinarrecht, Ansprüche an den Dienstherrn)

Optionale Fächer, abhängig vom Dienstherrn

- **Betriebswirtschaftslehre**
- **Führungslehre** (Führen von Mitarbeitern)
- **Sprachen** (Fremdsprachen oder auch Deutsch)
- **Zivilrecht**
- **Ethik**

  ...

Praktische Fächer

- **Sport:** breites Spektrum inklusive Schwimmen und Mannschaftssportarten, in Prüfungen sind Mindestleistungen zu erbringen (mit Training in der Regel unproblematisch)
- **Einsatztraining / Selbstverteidigung und Eingriffstechniken:** z. B. Verteidigung bei Angriffen, Anwendung von Hilfsmitteln körperlicher Gewalt und Waffen, Betreten und Durchsuchen von Wohnungen nach den Grundsätzen der Eigensicherung
- **Polizeikunde / praktische Ausbildung:** u. a. Funkausbildung, Personen- und Fahrzeugkontrollen, Sachbearbeitung und Erstellung von Schriftstücken, praktische Abläufe auf einer Dienststelle

- **Waffen- und Schießausbildung:** praktischer Unterricht an den dienstlichen (Schuss-)Waffen, theoretischer Unterricht zu sonstigen Waffen
- **Fahrausbildung / Fahrsicherheitstraining:** Umgang mit den dienstlichen Fahrzeugen in Alltags- und Gefahrensituationen

Ist Sport Pflicht?

Ja! Denn Sport wird bei der Polizei großgeschrieben. Genauso wenig, wie du bei der Einstellung um einen Sporttest oder ein Sportabzeichen herumkommst, wirst du dich in der Laufbahnausbildung vor den Sportprüfungen drücken können. Die Ausbildungsstellen haben in der Regel eine Sporthalle, eine Laufbahn, einen Kraftraum, einen Selbstverteidigungsraum (Dojo) und manchmal sogar ein Schwimmbad, eine Sauna oder eine Kegelbahn (zur „sportlichen" Abendbetätigung).

In klassischen Bereichen wie Laufen, Schwimmen und Kraftdisziplinen erwarten dich regelmäßige Prüfungen. Oft ähneln sie den Übungen im Auswahlverfahren (Sprinten, Ausdauerlauf, Bankdrücken ...), ergänzt durch Schwimmen und Selbstverteidigung. Die Prüfungen erfordern kein besonderes feinmotorisches Geschick und lassen sich gut trainieren. Für gute Noten muss du dich ordentlich anstrengen, durchfallen wirst du als durchschnittlich sportlicher Mensch mit ausreichender Vorbereitung sicher nicht.

Wann bekomme ich meine Uniform, und was muss ich dabei beachten?

Die Polizeiuniform ist unter Anwärtern das Thema schlechthin. Sie verkörpert den Polizeiberuf wie Weniges sonst und macht gut getragen einiges her! Abgesehen von Direkteinsteigern der Kriminalpolizei erhält jeder Neuling zu Beginn eine Grundausstattung an Uniformteilen – er wird „eingekleidet".

Die Einkleidung ist für viele ein ganz besonderer Moment, in dem sie sich zum ersten Mal als Polizist oder Polizistin sehen. In der Regel geht es dafür zur Kleiderkammer. Bei der Annahme und Anprobe der zahlreichen Kleidungsstücke bekommen viele große Augen und jeder freut sich darauf, die eigene Uniform tragen zu dürfen.

Bei der Polizei gibt es Uniformen für verschiedene Zwecke:

Die Streifendienstuniform

Die bekannteste Uniform besteht aus einer dunkelblauen Hose und einem blauen oder dunkelblauen Hemd, einer weißen oder dunkelblauen Schirmmütze, einer Jacke und einer Schutzweste. Die Schutzweste wird in den meisten Bundesländern über der Uniform getragen, was den großen Vorteil hat, dass sie auf der Dienststelle schnell wieder ausgezogen werden kann und praktische Taschen aufweist.

Ein heiß diskutiertes Dauerthema bei allen Polizeien sind Mützen bzw. Kopfbedeckungen. Laut den Bekleidungsvorschriften sind sie außerhalb geschlossener Gebäude grundsätzlich zu tragen, in der Praxis geschieht das aber nur sehr eingeschränkt. Zum einen liegt das an Bequemlichkeit und „Coolness", zum anderen können Kopfbedeckungen tatsächlich bei manchen Einsätzen stören, etwa wenn es zu Handgreiflichkeiten kommt.

Selbstverständlich bringt die Kopfbedeckung manchmal auch einen deutlichen Mehrwert: Unter anderem bei Verkehrsmaßnahmen, Fußstreifen, repräsentativen Aufgaben oder im Objektschutz wird man von Bürgern und auch Kollegen schlicht besser erkannt. Manche Polizisten behaupten, dass man mit Mütze eher als Amtsperson wahrgenommen wird, die Kommunikation meist förmlicher verläuft und weniger Diskussionen entstehen. Belegt ist das allerdings nicht.

Die Innendienstuniform

Ob ein Uniformträger im Außendienst mit Bürgerkontakt arbeitet oder grundsätzlich nur im Büro, zeigt sich auf den ersten Blick. Im Innendienst trägt man Business-Schuhe statt Einsatzstiefeln, eine sogenannte Tuchhose und ein weißes Hemd, das einen förmlicheren Charakter ausstrahlt und daher auch bei feierlichen Anlässen (wie Beförderungen) aus dem Spind geholt wird.

Die vollständige Innendienstuniform ist in der Regel keine Grundausstattung und wird meist erst bei entsprechender Tätigkeit „in der Teppichetage" notwendig. Bei Bedarf kannst du sie über dein dienstliches Bekleidungskonto erstehen, auf das du für Einkäufe im dienstlichen Online-Shop jährlich einen festen Betrag zur Verfügung gestellt bekommst.

Praxistipps

Die Hemden sind meist klassisch weit geschnitten und können an jungen, sportlichen Anwärtern unvorteilhaft aussehen. Für wenige Euro lassen sich die Seitennähte bei einer Änderungsschneiderei öffnen und verengen. Vielleicht gibt es auch in der Familie jemanden mit Nähkünsten?

Die Frauenhosen haben bei manchen Polizeien einen höheren Bund als die Männerhosen und sind anders geschnitten. Manche Polizistinnen tragen lieber die Herrenversion.

Die Einsatzuniform

Die Einsatzuniform wird in geschlossenen Einsätzen (z. B. Fußballspielen, Demonstrationen) getragen und hat bundesweit nahezu identische Farben, nämlich ein sehr dunkles Blau, nahezu Schwarz. Geschlossene Einheiten wie Hundertschaften, Beweissicherungs- und Festnahmeeinheiten (BFE, in Bayern „Unterstützungskommando" / USK) oder Einsatzzüge erhalten die Einsatzuniform als Overall-Variante. Mit der Zweiteiler-Version ist grundsätzlich jeder Polizist ausgestattet, teilweise auch bei der Kriminalpolizei.

Einsatzuniformen sind flammhemmend und zum Teil so geschnitten, dass man darunter Protektoren anziehen kann. Außerdem lässt sich eine Rückenkennzeichnung anbringen, die Aufschluss über die Einheit des Trägers und mögliche Funktionen gibt (z. B. Gruppen- oder Zugführer). Im Einsatz unter Menschenmengen, eventuell mit aufgezogenem Helm, kann man die Übersicht schnell verlieren und ist froh, die eigene Einheit und die Vorgesetzten leicht zu erkennen. Auch die Vorgesetzten behalten so leichter im Blick, welche Einheiten sich gerade wo befinden.

Sonstige Uniformen

Daneben gibt es diverse spezielle Uniformen mit einem überschaubaren Kreis von Trägern. So hat zum Beispiel das Spezialeinsatzkommando praktische Overalls, die Reiterstaffel passende Reitbekleidung, die Motorradstaffel entsprechende Schutzkleidung und die Fahrradstreifen anliegende Radlerkleidung. Auch für Diensthundeführer und die Fliegerstaffel gibt es eigene Dienstoutfits.

Was erlebe ich in den Praktika?

Gerade die Praktika machen den Start der Polizeikarriere spannend und attraktiv. Hier kannst du die gelernte Theorie direkt im „echten Leben“ anwenden. Die praktischen Anteile machen insgesamt rund ein Drittel der gesamten Ausbildungs- oder Studienzeit aus. Man spricht daher auch von einer dualen Ausbildung bzw. einem dualen Studium, das sich deutlich von rein theoretischen Studiengängen an den Universitäten abhebt. Auch in den Theorie-Einheiten stehen praktische Fächer wie Sport, Einsatztraining oder Schießen auf dem Plan.

Der genaue Ablauf ist bei jeder Polizei anders. Die Zeitpläne findest du über eine Internetsuche mit den Begriffen „Lehrplan" oder „Ausbildungsplan" bzw. „Curriculum" (Lehrplan für Studiengänge) im Zusammenhang mit deiner Polizei.

Beispielhafte Ausbildungs- und Studienverläufe

Mittlerer Dienst: Bundespolizisten beginnen ihre 30-monatige Ausbildung zum mittleren Dienst mit einem Jahr Theorie und einer Zwischenprüfung, danach geht es in eine einjährige Praxisphase mit fünf Modulen und Praktika in den verschiedenen Bereichen der Bundespolizei, zu Ausbildungsende ist noch einmal theoretischer Unterricht (sechs Monate) eingeplant, der mit der Laufbahnprüfung abgeschlossen wird. Im Vergleich beinhaltet die Ausbildung in Hamburg ein sechsmonatiges Praktikum und die Ausbildung in Sachsen zwei Praktika mit zwei und vier Monaten.

Gehobener Dienst: Das Studium zum gehobenen Dienst dauert fast überall drei Jahre. Die Praktika finden vor allem bei der Bereitschaftspolizei, auf den Revieren oder den Kommissariaten statt, meist in der Mitte des Studiums, manchmal gibt es noch ein Abschlusspraktikum. Du lernst verschiedene Bereiche kennen, vor allem den Einzeldienst und die Ermittlungsarbeit. Manche Landespolizeien bieten an, das Abschlusspraktikum außerhalb der Polizei in einer anderen Behörde, bei einer anderen Landespolizei oder sogar im Ausland zu absolvieren.

Ablauf der Praktika

Die Praktika sind ein Highlight deines Berufseinstiegs: Zum ersten Mal stehst du als Polizistin oder Polizist in der Öffentlichkeit und hast Kontakt mit den Bürgern. Du führst deine ersten Personenkontrollen durch, nimmst Anzeigen entgegen und wendest dein Theoriewissen in der Praxis an.

Dabei bist du natürlich nicht auf dich allein gestellt: Eine erfahrene Kollegin oder ein erfahrener Kollege begleitet dich während der gesamten Zeit, steht dir für alle Fragen zur Verfügung – und wird am Ende deine Praktikumsnote vergeben. Für diese Person gibt es verschiedene Begriffe, zum Beispiel Mentor, Praxisausbilder oder umgangssprachlich auch „Bärenführer“: nach der Vorstellung, dass der junge und etwas ungestüme „Polizeibär“ zwar viel Energie und Motivation mitbringt, allerdings noch eng geführt und unterstützt werden muss.

Es kann vorkommen, dass dich dein Mentor bei gefährlichen Einsätzen nicht mitnimmt, dich vor dem Einsatzort warten lässt oder dir das Betreten einer Wohnung erst später freigibt. Natürlich willst du sofort als Erster vor Ort sein, alles mitbekommen und auch die Action erleben. Daher fühlt sich das zunächst womöglich nicht gut an und du fühlst dich nicht ernst genommen. Das Gegenteil ist der Fall: Es dient deinem Schutz, denn du bist weder auf Lebzeit verbeamtet, noch hast du den Umgang mit solchen Situationen vollständig erlernt.

Teamwork ist Trumpf

Das Praktikum ist eine enorm intensive Zeit: Auf der einen Seite musst du dich in belastenden Situationen bewähren, auf der anderen Seite erwarten dich superspannende Einsätze, Action und enges Teamwork. Gerade die Zusammenarbeit mit deinen Kolleginnen und Kollegen macht den Polizeiberuf aus. Du wirst schnell merken, dass du als Einzelkämpfer nicht weit kommst, sondern die Einsätze nur im Team sicher und erfolgreich bewältigen kannst.

Intensive und belastende Situationen

Du wirst in den Praktika viel sehen, vor allem im Streifendienst. Nicht jede Erfahrung ist positiv, manches kann dich emotional mitnehmen. Unter anderem gehören leider auch Leichen zum Polizeiberuf. Oft sterben vereinsamte Menschen alleine in ihrer Wohnung und werden erst nach ein paar Tagen von ihren Angehörigen oder Pflegekräften gefunden. Die Polizei prüft dann, ob ein Verbrechen vorliegen könnte. Noch weitaus belastender können zerstückelte Bahnleichen oder aufgedunsene Wasserleichen sein. Sie bleiben erst einmal im Kopf und den Leichengeruch vergisst man nicht mehr. Auch Sexualdelikte oder Straftaten gegen Schwächere – Kinder oder alte Leute – lassen einen selten kalt.

Wichtig ist, das Erlebte in Ruhe zu verarbeiten und mit deinem Mentor zu reden. Manchmal hilft auch das gemeinsame Feierabendgetränk mit der Dienstgruppe, um in Ruhe über den Einsatz zu sprechen. Wenn es dich länger belastet, gibt es bei der Polizei Anlaufstellen, die dir bei der Verarbeitung helfen. Hilfe annehmen zeigt Stärke und ist keine Schwäche! Aber keine Angst: Sehr belastende Einsätze sind selten.

Intensiv ist oft auch der Kontakt mit sozial schwachen Personen und eventuellen Suchtproblemen. Die sozialen Problemlagen, stark vermüllte Wohnungen oder fehlende Körperhygiene werden dich zu Praktikumsbeginn überraschen, da du so etwas wahrscheinlich noch nicht erlebt hast.

Du wirst in den Praktika körperliche Gewalt anwenden müssen, häufig gegenüber Betrunkenen, psychisch Kranken oder Suchtkranken, die einer polizeilichen Verfügung nicht folgen wollen. Zwar lernst du im Einsatztraining gewisse Festnahmetechniken, allerdings sind solche Situationen immer sehr gefährlich und das eigene Verletzungsrisiko ist groß.

Versuche daher, die Zwangsanwendung möglichst zu vermeiden und nur als letztes Mittel zu sehen. Oft kann die Lage mit etwas Geduld und viel sprachlicher Überzeugungsarbeit entschärft werden. Orientiere dich an deinen Mentoren und sei nicht der Erste, der mit einem Armstreckhebel an eine Person herantritt.

Schreibarbeit am PC

Spätestens zu Beginn der Praktika wirst du feststellen, dass viele Vorgänge eine entsprechende Dokumentation und Sachbearbeitung erfordern. Abhängig vom Sachverhalt kann das 15 Minuten oder auch mehrere Stunden dauern. Grundsätzlich gilt: Je stärker der von dir vorgenommene Grundrechtseingriff oder je schwerer die aufzunehmende Straftat, desto länger dauert die Arbeit am PC. Recht aufwändig ist in der Regel die Asservierung, das heißt die ordnungsgemäße Dokumentation von Asservaten wie Beweismitteln, damit diese ordentlich und nachvollziehbar verwahrt werden können.

Schreibarbeit gehört zum Polizeiberuf dazu – umfangreicher und komplexer, als du es dir wahrscheinlich vorgestellt hast. Dein Sprachvermögen und deine Auffassungsgabe werden in der Praktikumsnote entsprechend berücksichtigt.

Im Streifenwagen

In den Praktika im Streifendienst wirst du zunächst als dritte Person im Streifenwagen sitzen, oft als Beifahrer. Dann wird von dir erwartet, dass du dich um die Navigation kümmerst, den Funk beantwortest und dir möglicherweise schon Notizen zum Einsatz machst. Das kann dich am Anfang etwas überfordern, schließlich hat man als Beifahrer im privaten Bereich keine große Verantwortung. Keine Sorge: Nach ein paar Diensten bist du viel sicherer und wirst die an euch gerichteten Funksprüche höchstwahrscheinlich nicht mehr überhören.

Was tun bei Fehlern?

Bei der Fülle an Aufgaben kann es vorkommen, dass nicht alles perfekt läuft: Die Unterschrift eines Bürgers fehlt, ein Asservat wurde vergessen oder du findest nach Feierabend noch den Ausweis einer kontrollierten Person in der Tasche … Es soll sogar Kollegen geben, die ohne Einsatzgürtel und Dienstwaffe auf Streife gegangen sind oder den Zündschlüssel des Streifenwagens mit nach Hause genommen haben. Sollte nicht passieren, kommt aber vor. Vertusche solche Patzer nicht, sondern gehe aufrichtig damit um – lerne daraus und wachse daran!

Anders sieht es aus, wenn Kollegen Straftaten begehen. Sei es die vorsätzliche Körperverletzung mittels Ohrfeige oder das bewusst längere Einsperren in der Zelle ohne rechtlichen Grund: Solche Vorkommnisse musst du melden!

In „Problemvierteln" mag der Umgangston von Polizisten etwas rauer sein – reflektiere dies und sprich es an, wenn Menschen dadurch diskriminiert oder beleidigt werden. Versuche, in jeder Situation ein positives Menschenbild zu behalten. Damit bist du auf der sicheren Seite, auch was deine langfristige Zufriedenheit im Job angeht.

Einstand und Ausstand

Es ist keine Pflicht, aber gängiger Brauch, dass neue Kolleginnen und Kollegen bei Praktikumsbeginn einen Einstand und am Ende auch einen Ausstand geben. Ein selbstgebackener Kuchen, eine Runde Pizza oder Donuts für alle kommen zum Beispiel gut an.

Finanzen

6

Was verdiene ich bei der Polizei?

Grundsätzlich genug, reich wirst du davon nicht. Die Besoldung soll dir eine amtsangemessene Lebensführung ermöglichen und hängt ab von verschiedenen Faktoren: Laufbahn/Besoldungsgruppe, Erfahrungsstufe, Zulagen (z. B. Schichtdienst), Steuerklasse, Familienzuschlag, Weihnachtsgeld und monatliche Sonderzahlungen. Im Internet gibt es einfache Besoldungsrechner, die du mit deinen Zahlen füttern kannst und dann dein ungefähres Nettogehalt erhältst.

Brutto oder netto?

„Brutto" bedeutet so viel wie „vor Abzug", netto „nach Abzug". Wenn du vom Bruttogehalt Steuern (vor allem die Einkommensteuer) und sonstige Abgaben abziehst, bleibt dein Nettogehalt übrig, das du monatlich auf dein Konto überwiesen bekommst.

Bei der Polizei hast du bereits während deiner Laufbahnausbildung ein Einkommen, anschließend verdienst du in der Regel um die 2.200 € bis 2.600 € netto (plus ggf. ca. 250 € Schichtdienstzulagen). Eventuell musst du davon noch Beiträge zur privaten Krankenversicherung zahlen.

Im weiteren Berufsleben steigt dein Gehalt regelmäßig und du kannst ohne Probleme eine Familie ernähren. Das funktioniert über sogenannte Erfahrungsstufen: Je nach Dienstherrn steigst du alle zwei, drei oder vier Dienstjahre entsprechend auf, unabhängig von Beförderungen. In fast jedem Bundesland gibt es acht Stufen, die jedoch unterschiedlich schnell erreicht werden. In Bayern gibt es sogar elf Stufen, gestreckt über insgesamt 30 Jahre.

Jede Stufe macht sich mit ca. 100 € netto bemerkbar. Theoretisch ist bei guten Leistungen ein Stufenzuschlag, bei negativen Bewertungen auch ein Verbleib in der Erfahrungsstufe möglich – in der Praxis kommt das allerdings selten vor. Kindererziehungs- sowie Pflegezeiten und Vorerfahrungen im Staatsdienst (z. B. Bundeswehr) werden angerechnet. Als Beispiel die Bundesbesoldung in den Gruppen A 6 bis A 16:

Stufe 1: Berufseinstieg

Stufe 2: + zwei Jahre Berufserfahrung

Stufe 3: + drei Jahre Berufserfahrung

Stufe 4: + drei Jahre Berufserfahrung

Stufe 5: + drei Jahre Berufserfahrung

Stufe 6: + vier Jahre Berufserfahrung

Stufe 7: + vier Jahre Berufserfahrung

Stufe 8: + vier Jahre Berufserfahrung (Endgrundgehalt nach insgesamt 23 Berufsjahren)

Vergleich mit der freien Wirtschaft

Wie attraktiv ist die Besoldung wirklich? Hier hilft ein Vergleich mit der Privatwirtschaft. Das durchschnittliche Bruttogehalt liegt in Deutschland derzeit bei ca. 50.000 € pro Jahr, das sind rund 4.100 € monatlich.[12] Die Zahlen sind allerdings nicht direkt mit der Besoldung vergleichbar, denn Beamte zahlen weder Sozialabgaben (u. a. Krankenkasse, Pflegeversicherung) noch Rentenversicherungsbeiträge. Bei Beamten bleibt also vom gleichen Bruttobetrag wesentlich mehr netto übrig.

Dazu ein Rechenbeispiel (grobe Werte, die konkreten Zahlen variieren je nach Dienstherrn, Dienstposten, Steuerklasse, Kirchensteuer etc.):

	Privatwirtschaft	**Beamte**
Monatsbrutto	4.000 €	3.000 € (A 9, Stufe 1, ohne Zulagen)
Einkommenssteuer, Steuerklasse 1 (unverheiratet)	– 588 €	– 492 €

Krankenkasse	– 324 € (gesetzlich versichert)	0 € (ggf. abzüglich ca. 250 € für die private Krankenversicherung)
Pflegeversicherung	– 75 €	0 €
Arbeitslosenversicherung	– 52 €	0 €
Rentenversicherung	– 372 €	0 €
Monatsnetto	2.589 €	2.508 €

Vor allem die beamten- und polizeispezifischen Zulagen für Kinder, den Wechselschichtdienst und Dienst zu ungünstigen Zeiten erhöhen die Bezüge deutlich. Nach zehn Berufsjahren und ein oder zwei Beförderungen entspricht die monatliche Nettobesoldung von ca. 3.000 € bis 3.400 € ungefähr einem Monatsbrutto von 5.000 bis 5.500 € in der freien Wirtschaft.

Hast du Karriere gemacht und bist Polizeihauptmeister/in mit Zulage (ca. 3.500 € bis 3.800 € netto) oder Erste/r Polizeihauptkommissar/in (ca. 4.500 € bis 4.800 € netto, jeweils ohne Kinderzulagen), ist deine Besoldung in den höheren Erfahrungsstufen mit sehr guten Gehältern der Privatwirtschaft (ca. 70.000 € bis 95.000 € Jahresbrutto) vergleichbar.

Fazit: Wie gut ist das Gehalt?

Unter dem Strich ist die Besoldung recht ordentlich. Als Polizist bzw. Polizistin kannst du es dir schon mit Anfang 20 ganz gut gehen lassen, während deine Freunde eventuell noch unbezahlt studieren. In einer teuren Großstadt bleibt dir natürlich spürbar weniger vom Geld als auf dem Dorf.

Die Beamtenpensionen sind deutlich höher als normale Renten und Polizisten gehen fast überall mindestens fünf Jahre früher in den Ruhestand. Um im Alter eine vergleichbare Rente zu erhalten, müssten Arbeitnehmer monatlich mehrere hundert Euro zur Seite legen.

Wie setzen sich meine Bezüge zusammen?

Deine erste Besoldungsabrechnung wird für dich wahrscheinlich nicht leicht zu entschlüsseln sein. Der Bruttobetrag setzt sich aus mehreren Posten zusammen, der größte davon ist die Besoldung gemäß der Besoldungstabelle deines Bundeslandes bzw. des Bundes und der Erfahrungsstufe. Hinzu kommen mögliche Zulagen und Leistungen, die sich je nach Dienstherrn unterscheiden (oft nur um wenige Euro). Fast alle Zulagen sind zu versteuern.

Amtszulage Polizei

Aufgrund ihrer erhöhten Gefährdung erhalten Polizeibeamte eine Zulage. Durch sie sollen – wie es beispielhaft im baden-württembergischen Landesbesoldungsgesetz heißt – *„die Besonderheiten des jeweiligen Dienstes, insbesondere der mit dem Posten- und Streifendienst sowie dem Nachtdienst verbundene Aufwand sowie der Aufwand für Verzehr"* abgegolten werden. In Baden-Württemberg beträgt die Zulage nach einem Dienstjahr 66 €, ab zwei Jahren 132 €. Bundesweit sind ca. 120 € bis 130 € üblich.

Zulage für Dienst zu wechselnden Zeiten

Für den Wechselschichtdienst (Dienste sowohl tagsüber als auch nachts) wird eine Zulage von ca. 70 € bis 120 € gezahlt. Diese Zulage soll unter anderem abgelten, dass Polizeibeamte *„[...] in schwierigen Situationen unter physischer und psychischer Belastung schnell verantwortliche, möglicherweise einschneidende Maßnahmen"* treffen müssen und bereit sind, *„in Erfüllung der übertragenen Aufgaben gegebenenfalls Leben und Gesundheit einzusetzen"* (Urteil des Bundesverwaltungsgerichts vom 26.03.2009 – 2 C 1.08 – RN 11).

Zulage für Dienst zu ungünstigen Zeiten (DuZ)

Jede Stunde außerhalb der normalen Arbeitszeit (Montag bis Freitag von 6 bis 20 Uhr) wird zusätzlich vergütet. Die „DuZ-Zulage" ist steuerfrei. Im Folgenden beispielhaft die Sätze des Bundes, in vielen Bundesländern sind sie gleich:

- **Sonn- und Feiertage:** 5,67 € pro Stunde an Sonntagen und gesetzlichen Wochenfeiertagen, an den Samstagen vor Ostern und Pfingsten nach 12:00 Uhr sowie am 24. und 31. Dezember (nach 12:00 Uhr, sofern diese Tage nicht auf einen Sonntag fallen)
- **Samstage:** 1,34 € pro Stunde zwischen 13:00 Uhr und 20:00 Uhr
- **Nachts:** 2,67 € pro Stunde zwischen 20:00 Uhr und 6:00 Uhr

Die Zulage macht Sonntagsdienste für manche besonders attraktiv. Kollegen mit besonderem Augenmerk auf den „Königs-DuZ" am Sonntag oder auf die Nachtzulagen werden teamintern gern mit Spitznamen wie „DuZ-Hunter" bedacht.

Familienzuschlag

Ein großer Vorteil des Beamtentums sind die Zuschläge für Familien. Man unterscheidet zwei Stufen: Stufe 1 erhalten Verheiratete (auch eingetragene Lebenspartner) oder Verwitwete; mit Kindern im Haushalt wird Stufe 2 angesetzt (auch bei Unverheirateten). Sind beide Partner Beamte, wird der Zuschlag nur einmal bzw. beiden Eltern hälftig gezahlt.

Auch hier variieren die Beträge je nach Dienstherrn und werden ab und an nach oben angepasst. Am Beispiel der Bundesbesoldung (brutto):

Stufe 1:	ca. 155 €	
Stufe 2:	1 Kind:	ca. 285 €
	2 Kinder:	ca. 420 €
	3 Kinder:	ca. 830 €
	jedes weitere Kind: ca. 400 € zusätzlich	

Die Zulage ist unabhängig vom Kindergeld, das nicht mit den Bezügen, sondern von der jeweiligen Familienkasse ausgezahlt wird.

In den letzten Jahren gab es vermehrt (erfolgreiche) Klagen gegen die Besoldung – sie wäre nicht amtsangemessen und würde Familien mit Kindern keinen ausreichenden finanziellen Abstand zum Grundsicherungsniveau ermöglichen. Manche Dienstherren werden darauf reagieren müssen.

Nordrhein-Westfalen hat dies bereits getan und orientiert den Familienzuschlag am Hauptwohnsitz. Die Gemeinden und Städte werden entsprechend ihrer Mietspiegel in sieben Gruppen klassifiziert. In teuren Städten wie Köln oder Düsseldorf liegt der Familienzuschlag bis zu mehrere hundert Euro höher als in günstigen Gemeinden. Somit sollen die Beamten amtsangemessen und entsprechend ihrer familiären Situation und Wohnort besoldet werden.

Funktionszulagen

Für einige (besonders gefährliche) Stellen gibt es spezielle Zulagen von bis zu mehreren hundert Euro. Empfänger sind Spezialeinheiten, fliegendes Personal, die Küstenwache oder Polizeitaucher, am meisten erhalten die GSG 9-Angehörigen der Bundespolizei (500 €).

Vermögenswirksame Leistungen

Alle Polizeien fördern den Vermögenaufbau – etwa durch Bausparverträge oder Indexfonds (VL-ETF) – mit einem monatlichen Betrag (meist 6,75 €). Vermögenswirksame Leistungen müssen extra beantragt werden (siehe Seite 120).

Sonderzahlungen

Als Beamter bzw. Beamtin kannst du von deinem Dienstherrn Sonderzahlungen erhalten, beispielsweise das Weihnachtsgeld: Es wird entweder mit den Dezemberbezügen oder jeden Monat zu einem Zwölftel ausgezahlt.

Leistungsprämien

Abhängig von individuellen Leistungen und der Haushaltslage können Vorgesetzte einmal pro Jahr Leistungsprämien an Teams oder einzelne Beamte vergeben. Möglich sind Beträge von bis zu 1.000 € oder auch zusätzliche Urlaubstage.

Sonstige Zulagen

Bayern zahlt eine Zulage von 136 € brutto für den Dienst im Ballungsraum München, sofern man dort auch wohnt. Berlin hat 2020 eine Hauptstadtzulage von 150 € brutto oder alternativ einen Zuschuss zum Verkehrsticket eingeführt. Für andere teure Städte gibt es Derartiges leider (noch) nicht.

Besoldungsbeispiele

Berlin: Polizeimeisteranwärterin, ledig, keine Kinder, Erfahrungsstufe 1, 1. Ausbildungsjahr

Grundgehalt brutto:	1.300 €
Hauptstadtzulage Auszubildende:	50 €
Polizeizulage	76 € (im 2. Jahr: 153 €)
Ggf. Zulage für „Berufserfahrene"	790 €
Brutto:	1.426 € bzw. 2.216 €
Netto:	**ca. 1.200 € bzw. 1.900 €**

Dank der freien Heilfürsorge zahlen Anwärter im mittleren Dienst in Berlin keine Beiträge zur privaten Krankenversicherung, sondern ggf. nur für private Zusatzversicherungen und Anwartschaften für die Krankenversicherung in der Pension.

Hessen: Polizeihauptkommissar, ledig, keine Kinder, Erfahrungsstufe 4, Tagdienst, 13 Jahre bei der Polizei

Grundgehalt brutto:	3.800 €
Monatliche Sonderzahlung:	200 €
Stellenzulage:	100 €
Polizeivollzugsdienstzulage:	130 €
Vermögenswirksame Leistungen:	6 €
Brutto:	4.236 €
Netto:	**ca. 3.400 €**
Beitrag private Krankenversicherung:	**– 300 €**
Verbleibend:	**ca. 3.100 €**

Kann ich einen Nebenjob ausüben?

Dealen, Raubüberfälle, Zuhälterei – solche Einkommensquellen kommen für Polizisten logischerweise nicht infrage. Allerdings gibt es durchaus legale Wege, das Gehalt aufzubessern. Meist ist das kein Problem, nur musst du es vorher anzeigen oder eine Genehmigung einholen. Alternativ kannst du dir eventuell Überstunden auszahlen lassen – das geht allerdings nicht immer und ist selten besonders einträglich.

Jede Polizei hat in den Beamtengesetzen eigene Grundlagen – das ist oft schwierig zu durchschauen. In den meisten Punkten stimmen die Landesgesetze und das Bundesgesetz allerdings überein. In diesem Kapitel findest du eine allgemeine Übersicht, bei speziellen Fragen schau in das jeweilige Gesetz oder frage bei deiner zuständigen Verwaltung nach.

Was ist überhaupt eine Nebentätigkeit? Zunächst einmal die formelle Unterscheidung (vgl. § 91 Bundesbeamtengesetz / § 71 Hessisches Beamtengesetz / § 83 Beamtengesetz für das Land Brandenburg – bei allen anderen Dienstherren nahezu gleich):

- **Nebenamt:** eine weitere Beschäftigung in einem öffentlich-rechtlichen Dienst- oder Amtsverhältnis neben dem Hauptamt
- **Nebenbeschäftigung**: jede sonstige, nicht zum Hauptamt gehörende Tätigkeit innerhalb oder (in der Regel) außerhalb des öffentlichen Dienstes
- **Ehrenämter** sowie **unentgeltliche Vormundschaften** (die Betreuung oder Pflege von Angehörigen fällt nicht hinein)

Allgemein gesagt: Alles innerhalb der Polizei oder einer anderen Behörde ist ein Nebenamt, alles außerhalb davon eine Nebenbeschäftigung. Beides kann in Elternzeit, Beurlaubung oder Teilzeit ausgeübt werden und ggf. dienstlich veranlasst sein.

Genehmigungsfrei oder genehmigungspflichtig?

Genehmigungsfrei sind folgende Tätigkeiten (beispielhaft nach § 100 Bundesbeamtengesetz):

1. *Verwaltung des eigenen [...] Vermögens*
2. *Schriftstellerische, wissenschaftliche, künstlerische oder Vortragstätigkeiten*

3. *Gutachtertätigkeiten aufgrund von Lehr- oder Forschungsaufgaben [...]*
4. *Tätigkeiten in Gewerkschaften oder Berufsverbänden oder Selbsthilfeeinrichtungen für Beamte*

Die Tätigkeiten 2, 3 und 4 sind anzeigepflichtig, wenn du Geld dafür bekommst: Du musst einen Vordruck ausfüllen und angeben, was du vorhast und wie viel Geld du voraussichtlich verdienen wirst. Damit hast du deine Anzeigepflicht erfüllt und der Dienstherr hat nur wenige Möglichkeiten, dich einzuschränken.

Viele Polizeien kennen außerdem die Nebentätigkeit im geringen Umfang. Wenn die Nebentätigkeit nicht mehr als (je nach Dienstherrn) 1.200 € pro Jahr einbringt und höchstens 20 % deiner regulären Wochenarbeitszeit entspricht, ist sie lediglich anzeigepflichtig – ansonsten wird sie genehmigungspflichtig.

Genehmigungspflichtig ist jede (auch selbstständige) Tätigkeit, die nicht zu den oben erwähnten Punkten 1–4 zählt.

Faustregel: Eine genehmigungspflichtige Nebentätigkeit darf nicht über 20 % deiner regulären Arbeitszeit liegen und das Gehalt höchstens 40 % deiner Haupttätigkeit betragen. Als junge Polizeikommissarin in Vollzeit dürftest du pro Woche maximal acht Stunden einen Nebenjob ausüben und dafür bis zu ungefähr 800 € bis 900 € pro Monat verdienen. Die konkreten Details erfragst du direkt bei deiner Behörde.

Welche Nebenjobs werden nicht genehmigt? Mit Sicherheit solche als Türsteher oder Waffenhändlerin oder im „Rotlichtmilieu". Alles, was dem Ansehen der Polizei schaden würde, was dich in deiner Unparteilichkeit beeinflussen oder im Dienst einschränken könnte, kommt grundsätzlich nicht infrage.

Die Genehmigungen werden immer befristet erteilt; oft musst du deine Einkünfte und Ausgaben im Nebenjob angegeben.

Welche Zuschüsse gibt es?

Vermögenswirksame Leistungen (VL)

Zum Vermögensaufbau spendiert dir dein Dienstherr einen kleinen monatlichen Zusatzbeitrag (in der Regel 6,65 €, während der Ausbildung / des Studiums ca. 13 €). Diese Vermögenswirksamen Leistungen fließen in einen Vertrag, den du bei einer Bank, einer Versicherung oder einem anderen Anbieter abschließt: Du sparst einen bestimmten Eigenanteil und erhältst den Zuschuss deines Dienstherrn obendrauf. Der Gesamtbetrag – mindestens 40 € – wird von deinem Gehalt abgezogen und von den Bezügestellen direkt an den Anbieter überwiesen.

Zur Anlage der VL gibt es mehrere Möglichkeiten:

Bausparvertrag

Der klassische Weg, vermögenswirksame Leistungen anzulegen. Fast jede Bank, Versicherung oder private Krankenkasse bietet entsprechende Verträge an. Achte auf geringe Abschlussgebühren und faire Konditionen. Wenn du lediglich den Minimalbetrag von 40 € im Monat sparen willst, erkundige dich bewusst nach kleinen Bausparverträgen mit Bausparsummen zwischen 8.000 € und 10.000 €. Die Verträge haben laufende Kosten von ca. 10 € bis 20 € im Jahr.

> Dein Ansprechpartner beim Vertragsanbieter erhält oft eine Provision, die abhängig von der Bausparsumme ist. Überlege dir daher vorab, wie viel Geld du sparen möchtest und ob eher ein kleinerer oder größerer Bausparvertrag infrage kommt.

ETF oder Fondssparplan

„ETF" steht für „exchange-traded fund", übersetzt „börsengehandelter Fonds". Bei deiner Hausbank oder Online-Depotanbietern hast du die Auswahl zwischen verschiedenen Angeboten für bestimmte Marktbereiche (z. B. MSCI World, DAX, Emerging Markets ...). Damit du einen Fonds über deine Vermögenswirksamen Leistungen besparen kannst, muss er VL-fähig sein, was meist direkt in der Beschreibung steht. Auch VL-Depots haben in der Regel laufende Kosten (ca. 10 € bis 20 € im Jahr).

Der Wert eines ETF oder Fonds kann schwanken, du kannst also auch Verlust machen! Grundsätzlich geht man aber von einer höheren Rendite als bei Bausparverträgen aus.

Arbeitnehmersparzulage

Zusätzlich zu den Vermögenswirksamen Leistungen kannst du die Arbeitnehmersparzulage beantragen. Auf dein im VL-Vertrag Erspartes bekommt du dann jährlich 9 % (Bausparvertrag) bzw. 20 % (ETF / Fonds) Zinsen. Vorausgesetzt, dein zu versteuerndes Einkommen liegt innerhalb bestimmter Grenzen: Für Alleinstehende sind dies aktuell 17.900 € (Bausparer) bzw. 20.000 € (ETF / Fonds), für zusammen veranlagte Ehe- oder Lebenspartner 38.500 € (Bausparer) bzw. 40.000 € (ETF / Fonds).

Was ist das zu versteuernde Einkommen?

Grob gesagt versteht man darunter den Betrag, der übrig bleibt, wenn du von deinen Einkünften – Arbeitslohn, Kapitalerträge, Mieteinnahmen etc. – deine Werbungskosten, Vorsorgeleistungen und Ähnliches abziehst. Falls du eine Steuererklärung machst, kannst du diesen Wert ganz einfach im Steuerbescheid des Finanzamts ablesen. Alternativ kannst du dich im Internet schlau machen oder dich vom VL-Anbieter beraten lassen.

Als Anwärter bzw. Anwärterin kommst du normalerweise nicht über den Maximalbetrag – es sei denn, du hast zum Beispiel Mieteinahmen, hohe Aktiengewinne oder eine lukrative Nebentätigkeit. Nach der Ausbildung ist dein Gehalt zu hoch für die Arbeitnehmersparzulage.

Lohnt sich die Riester-Rente?

Die Riester-Rente – nach dem damaligen Bundesminister für Arbeit und Soziales Walter Riester – wurde 2002 im sogenannten Altersvermögensgesetz eingeführt. Entsprechende Verträge werden von Banken und Versicherungen angeboten.

Oft fragen dich Versicherungsvertreter zu Ausbildungs- oder Studienbeginn, ob ein Riester-Vertrag etwas für dich wäre. Das Prinzip: Du sparst jedes Jahr 4 % von deinem zu versteuernden Einkommen des Vorjahres – mindestens 60 €, maximal 2.400 € – und erhältst dafür eine Zulage von 185 € im Jahr. Für jedes Kind (ab 2008 geboren) bekommst du zusätzlich 300 €. Du kannst auch weniger als die 4 % sparen, die Zulage wird dann entsprechend gekürzt. Schließt du einen Riester-Vertrag vor deinem 25. Geburtstag ab, kommt ein einmaliger Bonus von 200 € obendrauf.

Riester-Versicherung

- Laufzeit: lebenslang
- Möglichkeit zur Investition in unterschiedliche Anlageformen (z. B. Fonds)
- Auszahlung: ab Pensionseintritt, oft Möglichkeit von ca. 30 % Auszahlung bei Pensionseintritt, lebenslange Auszahlung
- Ein hohes Lebensalter steigert die Rendite, ein früher Tod kann zu einem Minusgeschäft führen
- Ausbezahlte Riester-Rente muss versteuert werden
- Kosten: oft intransparent

Riester-Bausparer („Wohn-Riester")

- Laufzeit: ca. 7–10 Jahre (bei regelmäßigen Zahlungen)
- Auszahlung: nach Erreichen der Bausparsumme, gebunden an „wohnwirtschaftliche Verwendung" (d. h. du musst das Geld in eine selbstgenutzte Immobilie investieren)
- Kosten: oft 1–2 % der Bausparsumme, verteilt auf die ersten Vertragsjahre

Wie empfehlenswert ist das „Riestern"?

Riester-Verträge sind oft schwer zu durchschauen und die Gebühren so hoch, dass von deiner jährlichen Zulage im Endeffekt nicht mehr viel bleibt. Die Abschlussgebühren beim „Wohn-Riestern" verteilen sich typischerweise auf die ersten Vertragsjahre. Kündigst du deinen Riester-Vertrag, musst du alle Zulagen erstatten und machst wegen der bereits gezahlten Gebühren ein deutliches Minus. Schau dir vorher alles in Ruhe an und vergleiche die Kosten!

Erst die Zulage macht das „Riestern" einigermaßen attraktiv. Um dir das jährliche Rechnen zu ersparen, prüfe wie viel 4 % deines Jahreseinkommens sind und leg noch ein wenig obendrauf. Achte darauf, den Betrag nach deinem Ausbildungs- oder Studienabschluss anzupassen. Die gezahlten Beiträge lassen sich ggf. auch in der Steuererklärung als Altersvorsorgeausgaben berücksichtigen.

Je geringer dein Einkommen, desto höher die Rendite im Verhältnis zum eingezahlten Eigenkapital. Rein rechnerisch erscheint dieses Verhältnis während der Ausbildung günstig, im späteren Berufsleben sieht die Rechnung allerdings anders aus, wenn du deine Zulagen sowie die Riester-Beiträge und die Vertragsgebühren berücksichtigst.

Die Riester-Rente steht immer wieder in der Kritik und lohnt sich eventuell nur, wenn du den Vertrag über Jahrzehnte besparst und ein (sehr) langes Leben im Pensionsalter führst. Alternativ könntest du auch Geld durch Fonds- oder ETF-Sparpläne zur Seite legen, dadurch flexibel und selbstbestimmt bleiben und langfristig womöglich eine bessere Rendite erzielen.

Gibt es Besonderheiten bei der Steuererklärung?

Allerdings! Zuerst ein paar Worte dazu, wie die Einkommensteuer funktioniert: Pro Kalenderjahr erhältst du ein bestimmtes Bruttoeinkommen (in der Ausbildung ca. 18.000 €, als junger Polizist 35.000 € bis 40.000 €). Davon geht bei Beamten lediglich die Einkommenssteuer ab, während Arbeitnehmer in der Privatwirtschaft noch Sozialabgaben zahlen (Kranken-, Unfall-, Renten-, Pflege- und Arbeitslosenversicherung).

Dein Bruttoeinkommen wird zunächst pauschal besteuert und der fällige Betrag (in der Ausbildung meist ungefähr 100 € monatlich) direkt an das Finanzamt abgeführt. Im Frühjahr / Sommer des folgenden Jahres, wenn du alle Unterlagen beisammen hast, kannst du dann eine Steuererklärung einreichen. Dazu bist du sogar verpflichtet, wenn du zum Beispiel gewisse Nebeneinkünfte hast (Mieteinnahmen, Unterhalt, hohe Kapitalerträge …).

In deiner Einkommenssteuererklärung schlüsselst du nun auf, welche Kosten dir im Zusammenhang mit dem Beruf entstanden sind. Dazu zählen vor allem:

- Umzugskosten in die Nähe zur Ausbildungs-/Dienststelle (soweit sie nicht erstattet worden sind)
- Fahrtkosten zur Ausbildungs-/Dienststelle (unabhängig vom Transportmittel)

¬ Lehrmaterial (Bücher, Laptop, Schreibmaterialien …)

¬ ggf. anteilsweise Mobilfunkvertrag zur beruflichen Nutzung (u. a. auch Hot Spot für das Selbststudium)

¬ Reinigung der Uniform (pauschal)

¬ Änderung der Uniform in der Schneiderei

¬ Privat gekaufte Ausrüstungsgegenstände

¬ Kontoführungsgebühr

¬ Verpflegungsmehraufwand (für die ersten drei Monate)

¬ Versicherungen wie Haftpflicht,- Berufsunfähigkeits- oder Unfallversicherungen

¬ ggf. Beiträge zur privaten Krankenkasse

¬ ggf. doppelte Haushaltsführung bei Wohnsitz am Ausbildungsort und Wohnsitz in der Heimat (eigener Hausstand erforderlich, Kinderzimmer reicht nicht)

All diese Ausgaben mindern dein zu versteuerndes Einkommen und damit deine Steuerbelastung. Falls du im Vorjahr mehr Steuern gezahlt hast als nötig, erhältst du den Überschuss erstattet. In der Ausbildung und im Studium lohnt sich die Steuererklärung in den meisten Fällen. Allein wegen der Kosten für Fahrtwege, Lehrmaterialien und Laptop bekommst du oft einen Großteil deiner Steuerzahlungen zurück.

Hast du nach Abzug deiner Werbungskosten weniger als den Steuerfreibetrag in Höhe von 10.908 € (2023) bzw. 11.604 € (2024) verdient, überweist dir das Finanzamt sogar die gesamte gezahlte Einkommenssteuer zurück.

Deine Steuerbelastung wird sich als junger Polizistin / junge Polizistin um die 20 % bis 25 % in der Steuerklasse 1 (Unverheiratete) einpendeln. Wächst dein Einkommen durch Erfahrungsstufen oder Beförderungen, steigt der Steuersatz progressiv und du zahlst prozentual mehr Steuern. Falls du heiratest, kannst du die Steuerklasse wechseln.

Tipps zur Steuererklärung

- Deine Steuererklärung bezieht sich auf deine individuelle Situation, du kannst sie also nicht einfach vom Kollegen abpausen. Sich im Gespräch darüber auszutauschen ist natürlich kein Problem.
- Die Steuererklärung kannst du über die kostenlose Software der Finanzämter machen (Elster) oder kostenpflichtige Programme nutzen, die dich Schritt für Schritt durch die Formulare führen. Für beides benötigst du eine Zertifizierungsdatei, die du auf www.elster.de beantragen kannst und mittels postalisch zugesendetem Code freigeschaltet wird.
- Alternativ kannst du auch zu einem Steuerberater oder einem Lohnsteuerhilfeverein gehen. Das kostet dann oft zwischen 100 € und 300 € und kann sich bei komplizierten oder umfangreicheren Steuererklärungen lohnen.

Übrigens gibt es von den Gewerkschaften auch gute Übersichten zur Einkommenssteuererklärung. Am besten einfach mal „Steuertipps Polizei" oder Ähnliches in die Suchmaschine eintippen.

Versicherungen

7

Wie funktioniert das mit der Krankenversicherung (Beihilfe, Heilfürsorge, Anwartschaften)?

Das Thema Krankenversicherung wird bei den Polizeien verschieden gehandhabt. Grundsätzlich gilt: Wer in Deutschland lebt, muss krankenversichert sein. Tarifbeschäftigte der Polizei sind wie „normale" Arbeitnehmer in der Regel gesetzlich krankenversichert. Die Beiträge zur gesetzlichen Krankenversicherung (GKV) teilen sich der Arbeitgeber und der Arbeitnehmer, dessen Anteil (derzeit 14,6 % vom Bruttolohn) direkt vom Gehalt abgeht. Gleiches gilt für die Beiträge zur Pflegepflichtversicherung (ca. 3,4 % Abzug vom Bruttolohn).

Beamte hingegen müssen sich nicht gesetzlich krankenversichern. Sie können im Rahmen der Beihilfe auch eine private Krankenversicherung (PKV) wählen – im Modell der Heilfürsorge erübrigt sich das ohnehin.

(Freie) Heilfürsorge

„Freie Heilfürsorge" und „Heilfürsorge" bedeuten das Gleiche: Der Dienstherr selbst übernimmt die Versicherung seiner Beamten. Die Leistungen sind im Großen und Ganzen vergleichbar mit der GKV. Die meisten Dienstherren ziehen dafür monatlich um die 1 % bis 1,5 % vom Grundgehalt ab, andere etwas mehr oder weniger – und einige überhaupt nichts.

Vorteile

- kaum oder keine Abzüge vom Bruttogehalt
- keine Kosten für eine private Krankenversicherung

Nachteile

- entspricht lediglich einer Basisabsicherung
- für manche Leistungen (Zahnersatz, Physiotherapie, Brille, Medikamente …) sind Zuzahlungen fällig

Eventuelle „Leistungslücken" – oder auch ein Zweibettzimmer-Anspruch bei stationären Behandlungen – lassen sich über private Zusatzversicherungen abdecken. Sie kosten pro Monat, je nach Leistungsumfang, zwischen 50 € und 100 €. Auch bei der Pflegeversicherung kann eine zusätzliche Absicherung ratsam sein.

Spezielle Vorschriften der Bundespolizei

Der polizeiärztliche Dienst der Bundespolizei hat unter bestimmten Voraussetzungen ein Mitbestimmungsrecht bei der ärztlichen Behandlung, zum Teil auch das exklusive Behandlungsrecht (etwa in der Bereitschaftspolizei).

Wahlrecht in Brandenburg, Hamburg, Niedersachsen und Schleswig-Holstein

In Hamburg, Niedersachsen und Schleswig-Holstein kann man zum Ausbildungs- bzw. Studienbeginn und in Brandenburg nach dem Abschluss die Heilfürsorge ablehnen und stattdessen die Beihilfe wählen (mit grundsätzlichem Bemessungssatz 50 %). Diese Wahl kann nicht rückgängig gemacht werden. Die Heilfürsorge wird mit ca. 1 % des Grundgehalts angerechnet (je nach Besoldung 25 € bis 50 €), die private Krankenversicherung würde bis zu ca. 250–300 € monatlich kosten.

Anwartschaften und Pension

Der Anspruch auf Heilfürsorge endet mit dem Pensionsbeginn. Danach hast du bei jedem Dienstherrn Anspruch auf Beihilfe (in der Regel mit 70 %). Die restlichen 30 % werden dann über eine private Krankenversicherung abgedeckt, um im Alter voll abgesichert zu sein.

Kümmere dich um diese Frage nicht erst beim Pensionseintritt: Die PKV bewertet deinen Gesundheitsstand zum Zeitpunkt der Antragstellung.

Mit über 60 Jahren, nach unzähligen Nachtdiensten, Donuts und Kaffees dürfte es um deine Fitness deutlich schlechter stehen als zu Ausbildungs- oder Studienbeginn. Hier lohnt es sich, rechtzeitig eine Anwartschaft zu erwerben.

Kleine Anwartschaft: Dein Gesundheitsstatus wird bei der Antragstellung „eingefroren" und du sicherst dir die garantierte Aufnahme in die Versicherung bei Pensionseintritt. Das kostet dich wenige Euro (oft nur einen Euro) im Monat.

Große Anwartschaft: Zusätzlich zur Kleinen Anwartschaft zahlst du bereits geringe Versicherungsbeiträge (ca. 30 € bis 50 € im Monat). Dadurch wird die Private Krankenversicherung in der Pension günstiger, was sich bei einem langen Leben durchaus lohnen kann.

Beihilfe

Im Fall der Beihilfe übernimmt der Dienstherr lediglich einen Anteil an deinen Krankheitskosten: in der Regel 50 % bei ambulanten Behandlungen und 70 % bis 85 % bei stationären Behandlungen. Den Rest kannst du entweder über eine private Krankenversicherung absichern oder freiwillig in die gesetzliche einzahlen – Letzteres lohnt sich eher nicht, da die GKV trotz Beihilfe den vollen Beitrag erhebt.

Die Arztrechnungen kommen per Post zu dir nach Hause. Du musst den Betrag zunächst selbst überweisen und die Rechnungen dann zur Erstattung bei der Beihilfe und PKV einreichen. Sammle die Unterlagen ordentlich und behalte die Fristen im Auge.

Gemäß Versicherungsvertragsgesetz bist du verpflichtet, krankenversichert zu sein, daher musst du den „fehlenden" Beihilfe-Anteil ergänzen. Mit Kindern steigt dein Beihilfesatz übrigens – pro Kind um 10 %, maximal um 20 % bzw. auf insgesamt 70 %.

Grundsätzlich bist du in der PKV besser versichert als in der GKV. Die Ärzte können pro Privatpatient teilweise das 3,5-fache abrechnen und sind entsprechend dankbar – das zeigt sich oft in schnellerer Terminvergabe und getrennten Wartezimmern mit Kaffeemaschine.

Worauf musst du beim PKV-Abschluss achten?

In Deutschland hast du die Wahl zwischen rund 40 privaten Krankenversicherungen mit im Detail unterschiedlichen Leistungen. In einem Bundesland mit Beihilfe werden dich in den ersten Wochen womöglich gleich mehrere PKV-Vertreter ansprechen. Sie verdienen zum Teil 1.000 € Provision pro Abschluss – lass dich nicht aus der Ruhe bringen! Vergleiche die Angebote und Leistungen, frage eventuell ältere Kollegen, ob sie mit ihrer PKV zufrieden sind.

Vor Vertragsabschluss musst du schriftlich Auskunft über deinen Gesundheitsstatus geben. Da du polizeidienstfähig bist, sollte das keine große Hürde sein. Denke daran, dass die PKV-Beiträge mit dem Beitrittsalter steigen – ältere Mitglieder verursachen schließlich tendenziell höhere Gesundheitskosten als jüngere. Geschlechtsspezifische Verträge gibt es mittlerweile nicht mehr, Frauen und Männer zahlen bei gleichen Voraussetzungen denselben Beitrag.

In der Regel schließt du bei deinem PKV-Anbieter gleichzeitig auch die Ergänzung zur Pflegepflichtversicherung ab. Außerdem beinhaltet deine PKV-Mitgliedschaft grundsätzlich die Zusage (im Sinne einer Anwartschaft), dass du in der Pension dort versichert bleiben kannst.

Beitragsrückerstattung

Viele private Krankenversicherungen zahlen Beiträge zurück, wenn im Kalenderjahr keine Rechnungen eingereicht worden sind (in der Regel zwei Monatsbeiträge, in der Ausbildung / im Studium mehr).

Die PKV wechseln

Die PKV zu wechseln ist möglich. Die Rückstellungen für die Zukunft, die dein alter Anbieter mit den gezahlten Beiträgen gebildet hat, überträgt dieser dann an deine neue PKV. Allerdings wird in diesem Zuge dein Gesundheitsstatus erneut geprüft (per Fragebogen), und wegen des gestiegenen Eintrittsalters können die Beiträge etwas höher ausfallen. Rechnerisch ist ein Wechsel daher nur in Einzelfällen sinnvoll.

Absicherung von Angehörigen

Unter bestimmten Voraussetzungen (z. B. sehr geringes Gehalt) kommt die Beihilfe auch für Ehe-/Lebenspartner und Kinder infrage. Ist der Partner gesetzlich versichert, lohnt sich das jedoch finanziell meist eher nicht. Alle Infos dazu findest du auf den Webseiten der Beihilfestellen.

Übersicht: Heilfürsorge oder Beihilfe?

(aktueller Stand, Übergangsregelungen für Dienstältere möglich, Pensionäre sind überall über die Beihilfe versorgt)

Dienstherr	Anwärter/innen	Aktive Polizeivollzugsbeamte/-innen
Bundespolizei	Heilfürsorge	Heilfürsorge
Bundeskriminalamt	Beihilfe	Beihilfe
Polizei beim Deutschen Bundestag	Heilfürsorge	Heilfürsorge
Baden-Württemberg	Heilfürsorge	Heilfürsorge
Bayern	Heilfürsorge	Bereitschaftspolizei: abhängig vom Dienstposten Heilfürsorge, sonst Beihilfe
Berlin	mittlerer Dienst: Heilfürsorge; gehobener und höherer Dienst: Beihilfe	Beihilfe

Brandenburg	Heilfürsorge	grundsätzlich Heilfürsorge, Wahlrecht zur Beihilfe
Bremen	Heilfürsorge	Heilfürsorge
Hamburg	Heilfürsorge	Wahlrecht Heilfürsorge / Beihilfe
Hessen	Beihilfe	Beihilfe
Mecklenburg-Vorpommern	Heilfürsorge	Heilfürsorge
Niedersachsen	Heilfürsorge	grundsätzlich Heilfürsorge, Wahlrecht zur Beihilfe
Nordrhein-Westfalen	Heilfürsorge	Heilfürsorge
Rheinland-Pfalz	Beihilfe	Beihilfe
Saarland	Beihilfe	Beihilfe
Sachsen	Heilfürsorge	Heilfürsorge
Sachsen-Anhalt	Heilfürsorge	Heilfürsorge
Schleswig-Holstein	Heilfürsorge	grundsätzlich Heilfürsorge, Wahlrecht zur Beihilfe
Thüringen	Heilfürsorge	Beihilfe

Lohnt sich eine Berufsunfähigkeitsversicherung?

Wichtig ist zuerst einmal der Unterschied zwischen Dienstunfähigkeits- und Berufsunfähigkeitsversicherung.

Berufsunfähigkeitsversicherung

Eine Berufsunfähigkeitsversicherung zahlt, wenn du zum Beispiel unfall- oder krankheitsbedingt dauerhaft keiner geregelten Arbeit mehr nachgehen kannst. Dies wäre etwa der Fall, wenn du anhaltende, starke psychische oder körperliche Schäden hast. Eine vollständige Berufsunfähigkeit ist bei jungen Menschen statistisch gesehen eher unwahrscheinlich.

Dienstunfähigkeitsversicherung

Die Dienstunfähigkeitsversicherung geht deutlich darüber hinaus. Sie versichert dich im Sinne der Polizeidienstvorschrift 300 und kann zum Tragen kommen, wenn du polizeiärztlich nicht mehr dienstfähig bist. Das ist deutlich wahrscheinlicher als eine generelle Berufsunfähigkeit, denn die PDV 300 macht recht enge Vorgaben und lässt den Ärzten wenig Spielraum. Hast du dir zum Beispiel mit der Kreissäge den kleinen Finger dauerhaft abgetrennt, bist du zwar nicht berufsunfähig, aber höchstwahrscheinlich polizeidienstuntauglich. Als Beamter auf Widerruf (in der Ausbildung) können schwerere Unfälle oder Erkrankungen zu deiner Entlassung führen, als Beamter auf Probe steht deine Lebzeitverbeamtung auf dem Spiel. Möglicherweise wirst du noch als Verwaltungsbeamter übernommen.

Die Kosten für eine Dienstunfähigkeitsversicherung sind relativ hoch und können schnell bei 100 € oder mehr im Monat liegen. Berufsunfähigkeitsversicherungen sind deutlich günstiger.

Lohnt sich das?

Diese Frage musst du individuell prüfen. Du bist noch jung und könntest im Falle einer polizeilichen Dienstunfähigkeit einen anderen Beruf erlernen? Dann lohnt sich eine Dienstunfähigkeitsversicherung eher weniger. Du hast schon Kinder, musst finanziell abgesichert sein und könntest dir keine andere Berufsausbildung leisten? Dann sieht die Sache anders aus.

Wenn du lebzeitverbeamtet bist, erhältst du im Falle der Dienstunfähigkeit eine garantierte Pension. Ihre Höhe hängt allerdings von deinen Dienstjahren ab, in den ersten Jahren würdest du nur eine Grundpension erhalten. Dieses „gesicherte Minimum“ liegt je nach Dienstherrn zu Beginn meist nicht über 1.400 € brutto (1.200 € netto) und steigt erst nach ca. 15 Dienstjahren.

Gut zu wissen

Verletzt du dich im Rahmen einer aktiven dienstlichen Tätigkeit ohne Fahrlässigkeit und wirst dienstunfähig, spricht man von einem „qualifizierten Dienstunfall". In diesem Fall erhältst du nicht die niedrige Grundpension, sondern deutliche höhere Pensionsbezüge.

Die Anerkennung eines qualifizierten Dienstunfalls ist jedoch sehr mühselig und langwierig. In der Regel möchten die Dienstherren solche Ansprüche nur in klaren Einzelfällen akzeptieren. Beispiel: Du wirst bei einem tätlichen Angriff an der Wirbelsäule verletzt, sitzt dauerhaft unter Schmerzen im Rollstuhl und kannst nicht in der Verwaltung arbeiten. Hier könnte deine Behörde nachfragen: Hast du deine Schutzweste getragen und die Grundsätze der Eigensicherung beachtet? Oder bei Verkehrsunfällen: Hast du bei der Verkehrskontrolle die weiße Mütze getragen und das Blaulicht angeschaltet? Wenn nein, wurdest du deshalb übersehen und hast eine Teilschuld?

Welche weiteren Versicherungen brauche ich?

Unabhängig von deinem Beruf solltest du unbedingt eine private Haftpflichtversicherung haben: Sie kommt für Schäden Dritter auf, wenn du privat (grob) fahrlässig gehandelt hast, etwa wenn dir das Smartphone deiner Freundin aus der Hand fällt und es beschädigt wird. Eine private Haftpflichtversicherung kostet in der Regel nicht mehr als 60 € pro Jahr, günstig sind vor allem Tarife mit einem geringen Selbstbehalt von 150 € oder 200 €.

Wenn du in einem Bundesland mit Beihilfe arbeitest, schließt deine private Krankenversicherung in der Regel eine Auslandskrankenversicherung ein. Bist du über die Heilfürsorge versorgt, dann solltest du prüfen, ob du eine Auslandskrankenversicherung für den Urlaub benötigst.

Falls du dich für eine Gewerkschaft entscheidest, umfasst deine Mitgliedschaft meist viele weitere dienstlich relevante Versicherungen. Andernfalls solltest du dir überlegen, ob du zum Beispiel eine eigene Diensthaftpflichtversicherung abschließt. Sie wird teilweise im Paket mit der privaten Haftpflichtversicherung angeboten und kostet dann nur einen kleinen Aufpreis.

Gewerkschaften

8

Brauche ich eine Gewerkschaft?

Die Gewerkschaften vertreten die Interessen ihrer Mitglieder gegenüber den Dienstherren und nehmen damit Einfluss auf die Arbeitsbedingungen und das Beamten- und Arbeitsrecht. In den ersten Ausbildungs- oder Studienwochen stellen sich die Gewerkschaften oft auf dem Polizeigelände vor. Um dich als Mitglied zu gewinnen, locken sie mit Versicherungen, Ansprechpartnern, beruflicher Vertretung – und netten Geschenken wie Einsatztaschen, -rucksäcken oder Fachbüchern. Bundesweit gibt es zwei große polizeiliche Gewerkschaften und eine große Berufsvertretung:

GdP – Gewerkschaft der Polizei

- größte Polizeigewerkschaft mit ca. 200.000 Mitgliedern
- Dachverband: Deutscher Gewerkschaftsbund (DGB)

DPolG – Deutsche Polizeigewerkschaft

- zweitgrößte Polizeigewerkschaft mit ca. 100.000 Mitgliedern
- Dachverband: Deutscher Beamtenbund (DBB)

BDK – Bund Deutscher Kriminalbeamter

- Berufsvertretung mit ca. 13.000 Mitgliedern (keine Gewerkschaft im engeren Sinne)
- selbstständiger Berufsverband
- vertritt grundsätzlich die Interessen der Kriminalpolizei
- darf als Berufsvertretung zum Beispiel Tarifangestellte nicht zum Streik aufrufen

Welche Rolle spielen die Dachverbände?

In einem Dachverband schließen sich verschiedene Gewerkschaften zusammen. Der DGB vereinigt Gewerkschaften unterschiedlicher Branchen und hat dadurch viele Mitglieder, ein breites Netzwerk und ein hohes Mobilisierungspotenzial. Im DBB sind Beamtengewerkschaften vertreten, die in der Regel ähnliche Interessen verfolgen. Beides hat seine Vor- und Nachteile, die gewerkschaftliche Arbeit an der Basis wird dadurch aber allgemein nicht beeinflusst.

Welche weiteren Vorteile haben Gewerkschaften?

Prämien

Für Berufseinsteiger haben die Gewerkschaften attraktive Sachprämien im Gepäck: Einsatztaschen, Einsatzrucksäcke, praktische Klemmbretter ... Für Anwärter kann sich eine Mitgliedschaft bei den günstigen Beiträgen allein schon deswegen rechnen.

Bundesweites Netzwerk

Hiervon kannst du zum Beispiel bei Versetzungsanträgen in andere Bundesländer profitieren, oder wenn du Ansprechpartner in anderen Polizeien suchst.

Ansprechpartner in Personalräten

Wenn du ein Thema mit dem Personalrat besprechen möchtest, kannst du dich vertrauensvoll an den Ansprechpartner deiner Gewerkschaft wenden. Die Mitgliedschaft ist aber keine Voraussetzung, um den Personalrat zu kontaktieren.

Umfangreiche Versicherungsleistungen

Diensthaftpflichtversicherung und Regressversicherung („Regress" bedeutet, deine Behörde will sich Kosten von dir zurückholen):

- Wichtig, wenn du die Behörde oder einen Dritten (grob) fahrlässig schädigst und dadurch Kosten verursachst.
- Beispiele: Du betankst den Streifenwagen (fast immer ein Dieselfahrzeug) mit dem falschen Kraftstoff; dir fällt das Dienst-Tablet vom Tisch; du verlierst dienstliche Gegenstände (z. B. Schlüssel); du verursachst im Dienst grob fahrlässig einen Unfall und verletzt jemanden.
- Die Versicherungsleistungen werden laufend angepasst. Verschaffe dir bei deiner favorisierten Gewerkschafft zumindest einen Überblick, damit du weißt, wofür du Beiträge zahlst.

Rechtsschutzversicherung für dienstliche Belange:

- Sehr wichtig, um Beistand in Verfahren gegen Dritte oder auch gegen deinen Dienstherrn zu erhalten.
- Beispiele: Du bist im Dienst von jemandem verletzt worden und möchtest zivilrechtlich Schmerzensgeld einfordern; die Behörde lehnt dein Versetzungsgesuch ab und du möchtest dagegen klagen; dein Antrag auf Dienstbefreiung wurde abgelehnt; du wurdest zu Unrecht in eine falsche Erfahrungsstufe eingestuft; du wirst Beschuldigter in einem Strafverfahren mit Dienstbezug (z. B. Körperverletzung im Amt).
- In der Regel werden auch Disziplinarverfahren abgedeckt.

Kooperationen und Rabatte

Zusammen mit Kooperationspartnern bieten die Gewerkschaften verschiedene Vergünstigungen an: unter anderem für Waffenschränke, Mietwagen, Kfz- oder Rechtsschutzversicherungen, Mobilfunkverträge, Neu- und Gebrauchtwagen und vieles mehr.

Seminare

Die Gewerkschaften bieten Seminare an, für die du eventuell – nach Absprache mit deiner Behörde – eine Dienstbefreiung erhältst („bezahltes Frei").

Jugendorganisationen

In der „Jungen Gruppe" (GdP) und „Jungen Polizei" (DPolG) organisieren sich die in der Regel unter 30-jährigen Gewerkschaftsmitglieder. Hier kannst du dich einbringen und dein Netzwerk erweitern.

Partys

Das Wichtigste zum Schluss: Die Gewerkschaften veranstalten in den großen Städten regelmäßig Blaulicht-Partys für Polizisten, Sanitäter, Ärzte, Feuerwehrleute etc. Als Mitglied der veranstaltenden Gewerkschaft erhältst du oft ermäßigten Eintritt.

Auch als Tarifbeschäftigter, etwa in der Wachpolizei oder in der Werkstatt, kannst du einer Gewerkschaft beitreten und von den gleichen Vorteilen wie Beamte profitieren. Für die Details, etwa zum Rechtsschutz bei Beförderungsverfahren oder zur arbeitsrechtlichen Vertretung, müsstest du dich genauer informieren.
Wenn dir ein bestimmter Punkt besonders wichtig ist, prüfe die angebotenen Leistungen einfach auf der Homepage des jeweiligen Landesverbandes der Gewerkschaft. Alle Leistungen werden regelmäßig angepasst und können sich je nach Landesverband im Detail unterscheiden.

Lohnt sich die Mitgliedschaft?

Als Anwärter bzw. Anwärterin lohnt sich eine Mitgliedschaft für dich auf jeden Fall. Die Versicherungsleistungen und Sachprämien sprechen eine deutliche Sprache, für nur wenige Euro im Monat.

Die Mitgliedsbeiträge unterscheiden sich je nach Dienstherrn und orientieren sich an der jeweiligen Grundbesoldung (beim BDK sind es pauschal 0,34 %). Als Beispiel die monatlichen Beiträge in Nordrhein-Westfalen:

	Studium	A 9 Polizeikommissar	A 11 Polizeihauptkommissar
GdP	4,34 €	18,52 €	22,96 €
DPolG	4,30 €	15,16 €	19,26 €
BDK	1 €	10,04 €	11,94 €

Im weiteren Berufsleben summieren sich die Kosten für die Mitgliedschaft dann schon auf bis zu 250 € im Jahr (die du allerdings in der Steuererklärung als Werbungskosten absetzen kannst, siehe Kapitel „Gibt es Besonderheiten bei der Steuererklärung?" ab Seite 124). Hier solltest du überlegen, ob dir die Leistungen wichtig sind oder ob du zum Beispiel lieber eine eigene Diensthaftpflichtversicherung und eine eigene Rechtsschutzversicherung abschließt und damit günstiger fährst.

Jede Gewerkschaft hat im Detail ihre eigenen Vor- und Nachteile. Selbstverständlich kannst du die Gewerkschaft auch nach deiner Ausbildung wechseln oder die Mitgliedschaft beenden. Laut den Satzungen darfst du allerdings nur bei einer Gewerkschaft Mitglied sein – alles andere wäre auch wenig sinnvoll.

Wie sind die Gewerkschaften politisch einzuordnen?

Die Gewerkschaften verfolgen die Interessen ihrer Mitglieder und lassen sich nicht einer bestimmten Partei zuordnen. Wenn die Medien über Polizeithemen und aktuelle Ereignisse berichten, stehen die Gewerkschaften häufig im Rampenlicht und ihre Vorsitzenden geben Statements und Kommentare ab.

Im Sinne ihrer Mitglieder gehen Gewerkschaften auch auf Politiker zu und versuchen, ihren Einfluss geltend zu machen. Das kann sich durchaus positiv auswirken und am Ende zu einer höheren Besoldung oder besseren Ausstattung führen.

Ist die IPA auch eine Gewerkschaft?

Nein. Die „International Police Association" ist keine Gewerkschaft, sondern eine internationale Berufsvereinigung. Sie kann dich innerhalb Deutschlands und in 67 weiteren Staaten vernetzen.

So kannst du zum Beispiel vor einer Reise Kontakt zur lokalen IPA-Verbindungsstelle aufbauen, um vor Ort mit den Kollegen ins Gespräch zu kommen, dir die Dienststelle zeigen zu lassen und mit etwas Glück eine „Aufklärungsfahrt" im Streifenwagen mitzufahren. Oft entwickeln sich kollegiale Bekanntschaften und du erhältst Tipps für deinen Urlaub.

Die IPA kann dich auch bei der Organisation eines Auslandspraktikums unterstützen. Außerdem bietet sie interne Seminare und Serviceleistungen wie Gästehäuser an. Wie bei den Gewerkschaften erhältst du eine Mitgliedszeitschrift und einen Mitgliedsausweis, der Mitgliedsbeitrag beträgt 30 € im Jahr und ist steuerlich absetzbar.

Karriereplanung

Wie finde ich meinen Traumjob innerhalb der Polizei?

Die wenigsten Kolleginnen und Kollegen wissen von Anfang an, was genau sie später machen möchten. Oft entwickelt sich erst nach den ersten Praktika oder ein paar Dienstjahren ein Gefühl, welche Schwerpunkte mittelfristig interessant sein könnten.

In der Polizei gibt es zahlreiche Entwicklungswege: Streifendienst, Kripo, Bereitschaftspolizei, Ausbildung, Spezialeinheiten ... Die Aufzählung ließe sich problemlos auf eine hohe zweistellige Zahl erweitern. Dabei ist die Auswahl im gehobenen Dienst meist größer als im mittleren.

Ganz allgemein kann man die Arbeitsbereiche in den Vollzugsbereich (mit direktem oder zumindest möglichem Bürgerkontakt) und den Innendienst unterscheiden. Ein grober Überblick:

Beispiele für klassische Vollzugsaufgaben mit Außendienst

- Ansprechpartner in Stadtteilen
- Bereitschaftspolizei
- Diensthunde- oder Pferdestaffel
- Jugendarbeit
- Kriminalpolizei bzw. Ermittlungsdienst
- Objektschutz
- Polizeigewahrsam
- Spezialeinheiten
- Streifendienst
- Verkehrsdienste
- Zivile operative Einheiten

Beispiele für den Innendienst

- Einsatz- und Dienstplanung (in jeder Organisationseinheit vorhanden)

- Fuhrparkmanagement und Werkstatt
- Gremien (z. B. Personalrat)
- Kriminalaktenstelle
- Leitstelle
- Personalverwaltung
- Pressestelle und Kommunikation
- Sport- und Einsatztrainer
- Strategie und Grundsatz
- Technik und IT
- Theoretische Ausbildung
- Waffenwerkstatt und -logistik

Eine typische Polizeikarriere beginnt im Außendienst. Manche Kollegen bleiben bis zur Pension auf ihrer ersten Stelle, teilweise sogar im Schichtdienst. Viele andere wechseln hingegen – aus den unterschiedlichsten Motiven – nach einigen Jahren auf einen anderen Posten.

Leitfragen zur Zukunftsplanung

Du möchtest nach dem Karrierestart eine Zukunftsperspektive entwickeln? Folgende Fragen helfen dir dabei:

- Welches Dienstzeitmodell gefällt mir am besten (z. B. Tagdienst, Wechselschichtdienst, bedarfsorientiert wie in der Bereitschaftspolizei)?
- Welche Tätigkeiten machen mir bis jetzt besonders Spaß – und kann ich mich darauf spezialisieren (z. B. Ermittlungsarbeit und Vorgangsbearbeitung, Verkehrsmaßnahmen, Bürgergespräche und Prävention, Dienst in geschlossenen Einsätzen, Organisation von Diensten oder Aus- und Fortbildung, ziviles operatives Arbeiten …)?

- Was hat mir bisher weniger Spaß gemacht?
- Arbeite ich gern im Team oder bin ich auch mal lieber alleine für bestimmte Aufgaben verantwortlich?
- Brauche ich Planungssicherheit für meine Freizeit?

So kannst du vielleicht schon eine grobe Richtung erkennen. Wichtig ist aber, dass du neugierig bleibst und angesichts eventuell „langweiliger" Themen nicht den Kopf in den Sand steckst. Denn fast alle Bereiche haben aus der Innensicht ihren Reiz. Also trau dich, etwas auszuprobieren – auch wenn es nur übergangsweise für deine eigene Entwicklung ist. Nur so kannst du herausfinden, was du mittel- oder langfristig gern machen möchtest.

Ist eine schnelle Karriere möglich?

Eines vorab: Eine „Sprungbrettkarriere" gibt es bei der Polizei im Allgemeinen nicht und Beförderungen brauchen Zeit. Sie sollten sich nach Eignung, Leistung und Befähigung richten (siehe Beamtengesetze) und die nötigen Bewertungs- und Beurteilungswerte müssen oft über mehrere Jahre aufgebaut werden. Außerdem muss zunächst ein entsprechender Dienstposten ausgeschrieben werden. Trotzdem kannst du auch bei der Polizei Karriere machen. Dabei sollte nicht das Geld im Vordergrund stehen, sondern deine persönliche Motivation, etwa dein Gestaltungswille oder deine persönliche Entwicklung.

Zunächst erhältst du nach einigen Jahren – je nach Dienstherrn früher oder später – sogenannte „Regelbeförderungen": im mittleren Dienst beispielsweise zum Hauptmeister / zur Hauptmeisterin, im gehobenen Dienst zum Oberkommissar / zur Oberkommissarin. In manchen Bundesländern geht es nach dem Studium mit dem Oberkommissar in vier Jahren recht zügig, in Baden-Württemberg sogar direkt nach dem Studium, andernorts dauert es bis zu zehn Jahre.

Nach ein paar Jahren im Beruf solltest du überlegen, welche Ziele du für dein Berufsleben setzt. Du musst nicht unbedingt eine klassische „Karriere" anpeilen, im Sinne der „Work-Life-Balance" kannst du auch mehr auf dein Privatleben achten.

Kein Stress: Du musst nicht schon zum Berufseinstieg eine bestimmte Richtung einschlagen. Komm erstmal im Dienst an und sammle ein paar Jahre Erfahrung. Dann wirst du selbst erkennen, was dich interessiert, und kannst die vorhandenen Chancen nutzen.

Über die Regelbeförderungen hinaus hast du alle Möglichkeiten, dir die nächsten Besoldungsstufen zu erarbeiten. Abhängig vom Beamtengesetz deines Dienstherrn liegen zwischen den Beförderungen mindestens ein Jahr (mittlerer Dienst) bzw. zwei Jahre (gehobener und höherer Dienst), und die Probezeit muss abgeschlossen sein. Frisch beförderte Oberkommissarinnen können theoretisch schon zwei Jahre später zu Hauptkommissarinnen ernannt werden – die Praxis sieht aber ganz anders aus: Hier dauert es mitunter zehn Jahre oder mehr.

Möchtest du über die Regelbeförderungen hinaus ein höheres Amt erreichen, kannst du dich zum Beispiel spezialisieren oder Führungsverantwortung übernehmen.

Führungspositionen

Der klassische Karriereweg. Führungspositionen beginnen bereits bei der stellvertretenden Leitung einer Dienstgruppe, Ermittlungsgruppe oder Halbgruppe der Bereitschaftspolizei. Hier kannst du dich beweisen und deine Vorgesetzten überzeugen. Im Erfolgsfall vertrauen sie dir höherwertige Positionen an, etwa die Dienstgruppenleitung.

Abhängig von der Personalstärke der Dienstgruppe kannst du bereits als Stellvertreter oder Stellvertreterin eine Beförderung erhalten. Hast du diese erste Stufe erreicht, hebst du dich von möglichen Mitinteressenten ab und kannst bereits den nächsten Schritt anvisieren.

Eine „Führungskarriere" kann sich über mehrere Jahre und Jahrzehnte ziehen. Daher sollten dir Führungsaufgaben Spaß machen, du solltest mit der großen Verantwortung umgehen können – andernfalls werden dich die paar hundert Euro zusätzlich pro Monat nicht lange motivieren. Dann wirst du dir wahrscheinlich deine alte Tätigkeit in der Sachbearbeitung zurückwünschen, als du dich noch nicht um Dienstpläne, Vorgangskontrollen, Besprechungstermine, Beurteilungen und Probleme im Kollegenkreis kümmern musstest.

Spezialisierungen

Du hast spezielle Fähigkeiten und Kenntnisse und dein guter Ruf eilt dir voraus? Dann kannst du als Sachbearbeiter bzw. Sachbearbeiterin aufsteigen. Wenn deine Vorgesetzten deine Leistung würdigen, können sie sogar eine Planstelle mit höherer Besoldung speziell für deine Schwerpunkte ausschreiben. So hast du weniger Konkurrenz.

Typische Stellen liegen in kleinen Sachbereichen im Tagdienst, die mehrere Jahre Einarbeitung voraussetzen: Urkundenprüfung, Koordination der Diensthundeausbildung, Waffensachkunde, bestimmte Betrugsverfahren … Auch Planstellen in der Ausbildung von Kollegen, zum Beispiel in der Bereitschafspolizei, sind oft höherwertig besetzt.

Vielleicht hast du sogar richtig Glück und kannst dein Fachwissen mit der Personalführung verbinden. Bist du zum Beispiel Expertin für Spurenkunde und die bearbeitende Dienststelle besteht nur aus einem kleinen Team, dann könntest du die Leitung eines Teilbereichs übernehmen und zeitnah befördert werden.

Als Aufsteiger / Aufsteigerin in der Sachbearbeitung trägst du normalerweise keine oder kaum Personalverantwortung. Wenn du dich mit einem Thema nur wegen der Beförderung beschäftigst, wirst du trotz der höheren Besoldung nicht lange Freude daran haben. Hast du allerdings bereits ein Steckenpferd und kannst es bei der Polizei verwirklichen, stehen die Chancen gut, dies auch mit einer Beförderung gewürdigt zu bekommen.

Wie komme ich schnell in die nächsthöhere Laufbahn?

Mittlerer Dienst → gehobener Dienst

Für diesen Aufstiegsweg brauchst du die (Fach-)Hochschulreife sowie gute Noten und Beurteilungen, in der Regel musst du auch ein Auswahlverfahren mit Assessment Center meistern. Wenn du diese Voraussetzungen erfüllst, kannst du bei deiner Polizei ein Bachelorstudium (BPOL: Diplomstudium) zum gehobenen Dienst starten.

Die meisten Aufstiegsbeamten haben sich zuvor einige Jahre im mittleren Dienst verdient gemacht und sind durch gute Leistungen aufgefallen. Der frühestmögliche Zeitpunkt zum Aufstieg hängt vom Dienstherrn ab. Die Bundeslaufbahnverordnung spricht von drei Jahren nach Ende der Probezeit.

Das Aufstiegsstudium dauert im Allgemeinen 1,5 bis 2 Jahre. Dafür wirst du an die Hochschule abgeordnet, lernst dort alle regulären Inhalte und legst die entsprechenden Prüfungen ab. Anstelle von langen Praktika sind oft kürzere üblich, in denen du Personalverantwortung erhältst.

Im Studium wirst du entsprechend deiner bereits erreichten Besoldungsstufe (zum Beispiel A 7) voll besoldet. Rein theoretisch kannst du währenddessen sogar regulär im mittleren Dienst weiterbefördert werden, etwa zum Hauptmeister. Bei manchen Dienstherren erkennt man

Aufstiegsbeamte an einer silbernen Litze, die sie auf ihren Schulterstücken neben den gewohnten blauen Sternen tragen.

Interesse am Aufstieg in den gehobenen Dienst?

Sprich vorab mit deinem Partner oder deiner Partnerin über die die Auswirkungen des Studiums auf dein Privatleben. Die räumliche Trennung vom bisherigen Wohnort und möglicher Prüfungsstress können Beziehungen belasten. Die beruflichen Perspektiven im gehobenen Dienst und die attraktivere Besoldung können diese Belastung aber zumindest emotional abfedern.

Manche Dienstherren ermöglichen erfahrenen, verdienten Kollegen auch die Möglichkeit der Überleitung in den gehobenen Dienst ohne Studium (bis A 11).

Gehobener Dienst → höherer Dienst

Der höhere Dienst ist die „Managementebene" der Polizei – hier erwarten dich normalerweise herausgehobene Führungsaufgaben und viel Verantwortung für Themen oder Dienststellen. Um vom gehobenen in den höheren Dienst aufzusteigen, sind hervorragende Beurteilungen und auch Fürsprecher nötig.

Der Aufstiegsweg ist von Polizei zu Polizei unterschiedlich. Häufig müssen Interessenten aus dem gehobenen Dienst mehrere Jahre lang in verschiedenen Stationen vielfältige Erfahrungen sammeln, auch in Führungsverwendungen. Im Anschluss wartet meist ein anspruchsvolles Auswahlverfahren: Mögliche Prüfungsaufgaben sind Aufsätze, Gruppendiskussionen oder Präsentationen, den Abschluss bildet ein Abschlussgespräch vor einer Kommission.

Im Erfolgsfall folgt ein zweijähriges Master-Studium: Das erste Jahr findet in deinem Bundesland bzw. für den Bund in Lübeck statt, das zweite zentral im nordrhein-westfälischen Hiltrup (bei Münster). Den Anspruch beschreiben Studierende als mittelschwer und angemessen, die Durchfallquoten sind niedrig. Nach dem Abschluss bekleidest du deine Stelle als Polizeirat/-rätin bzw. Kriminalrat/-rätin (in der Kriminalpolizei).

Manche Dienstherren ermöglichen erfahrenen, verdienten Kollegen auf herausgehobenen Positionen auch die Möglichkeit der Überleitung in den höheren Dienst ohne Masterstudium. Das ist aber die Ausnahme. Die Bundespolizei wiederum leitet verdiente Beamte nicht in den höheren Dienst über, sondern befördert sie zum Ersten Polizeihauptkommissar mit Zulage (A 14, sechs silberne Sterne).

Das Masterstudium kann private Beziehungen auf eine harte Probe stellen. Viele Aufsteiger sind mit Anfang/Mitte 30 in einem Alter, in dem auch die Familiengründung eine Rolle spielen kann. Häufige Abwesenheiten über zwei Studienjahre hinweg sind nicht zu unterschätzen und auch danach wird die Work-Life-Balance oft wesentlich stärker belastet als im gehobenen Dienst. Im Gegenzug locken natürlich die höhere Besoldung, mehr Einfluss und Gestaltungsspielraum und die Aussicht auf weitere Beförderungen.

Je nach Bundesland kann die Beförderung nach dem Masterstudium einige Monate dauern, da erst eine A 13-Planstelle frei oder geschaffen werden muss. Die Beförderung auf A 14 geschieht in der Regel wenige Jahre nach dem Studium, A 15 ist dann eine weitere Perspektive.

Interesse am Aufstieg in den höheren Dienst?

Lass ein paar Dienstjahre verstreichen und sammle Erfahrungen, ehe du dich ernsthaft damit befasst. Wenn du schon als Anwärter bzw. Anwärterin im Praktikum verkündest, „für Höheres bestimmt" zu sein und auf jeden Fall den Laufbahnaufstieg anzustreben, kann dich das im Team Sympathiepunkte kosten.

Kann man zwischen der Schutz- und Kriminalpolizei wechseln?

Ja, abgesehen vom Bundeskriminalamt (nur Kriminalpolizei), von der Bundespolizei und der Polizei beim Deutschen Bundestag (beide nur Schutzpolizei). Beim Laufbahnwechsel zwischen Schutz- und Kriminalpolizei wird aus der Polizeikommissarin (nicht zwingend sofort) eine Kriminalkommissarin und aus dem Kriminaloberkommissar ein Polizeioberkommissar – die Besoldung bleibt gleich.

Eine qualitative Unterscheidung oder Wertung zwischen Schutz- und Kriminalpolizei gibt es nicht. Bei „K" liegt der Schwerpunkt auf den Ermittlungen, bei „S" auf den uniformierten Tätigkeiten. Die Kripo rekrutiert sich allerdings oft nur aus dem gehobenen Dienst, sodass der Zugang im mittleren Dienst kaum möglich ist.

Wechsel von „S" zu „K" sind wesentlich häufiger als umgekehrt: Viele junge Beamte sammeln zunächst Erfahrungen im Streifendienst und möchten ab dem mittleren Lebensalter in den „ruhigeren und planbaren" Ermittlungsdienst. Da die Kriminalpolizei deutlich weniger Personal hat als die Schutzpolizei, lässt eine freie Stelle mitunter allerdings einige Jahre auf sich warten. Infolge des demografischen Wandels könnte sich das künftig jedoch ändern.

Für einen Laufbahnwechsel sind zum Teil Lehrgänge oder Hospitationen nötig, in denen Inhalte wie Vernehmungstaktik oder Spurenkunde aufgefrischt und vertieft werden.

Die Trennung zwischen Schutz- und Kriminalpolizei ist historisch gewachsen und war lange mit Vorurteilen behaftet: „die Leute von S" und „die Herren von K". Diese Kultur ist heute zum Glück nicht mehr prägend und man begegnet sich (meist) auf Augenhöhe. In den Medien ist das leider noch nicht überall angekommen: Im Film sperrt der uniformierte Polizist auf Weisung des Kommissars „nur" den Tatort ab und trägt sonst nicht nennenswert zur Story bei. Das ist von der Realität weit entfernt, in der man laufbahnübergreifend als Team arbeitet.

Wie steht es um die Geschlechtergerechtigkeit?

Der Frauenanteil bei der Polizei steigt stetig und liegt mittlerweile bei rund 30 %.[13] In manchen Bereichen sind Frauen allerdings weiterhin unterrepräsentiert: Dazu gehören vor allem körperlich anspruchsvolle Dienststellen wie die Spezialeinsatzkommandos oder die spezialisierteren Bereitschaftspolizeien, allen voran die Beweissicherungs- und Festnahmeeinheiten (BFE). Bei allen Sportprüfungen, auch für die eben genannten Dienststellen, gelten für Frauen reduzierte Anforderungen. Das macht es für sie aber im Vergleich nicht leichter.

Die Gleichstellungsbeauftragten

Du fühlst dich als Frau benachteiligt oder diskriminiert? Dann wende dich am besten vertrauensvoll an die Gleichstellungsbeauftragen deiner Behörde, auch außerhalb des Dienstwegs. Sie sitzen unter anderem in wichtigen Gremien und haben auch im Auswahlverfahren ein Wörtchen mitzureden. Für Männer sind sie übrigens ebenfalls ansprechbar, wenn diese sich zum Beispiel bei der Vereinbarkeit von Familie und Beruf benachteiligt fühlen.

Selbstverständlich erhalten Polizistinnen die gleiche Besoldung wie Polizisten der gleichen Besoldungsstufe. In der Privatwirtschaft – Stichwort „Gender-Pay-Gap" – ist das oft nicht der Fall. Auch die Karrieremöglichkeiten sind gleichwertig oder sogar besser: Um ihrer Diskriminierung entgegenzutreten, werden Frauen bei gleicher Eignung, Leistung und

Befähigung in den Bewerbungs- und Beförderungsverfahren bevorzugt. Manche Dienstherren haben spezielle Frauenförderpläne, die Vorgesetze zur Förderung von Frauen anhalten.

Auf der anderen Seite können sich Schwangerschaften und Erziehungszeiten auf die Karriere auswirken. Abwesenheiten von mehreren Monaten oder sogar Jahren sind normal und danach ist es schwer, den Anschluss zu finden. Frauen dürfen deswegen aber langfristig keine schlechteren Chancen auf eine Beförderung haben.

Nicht zu unterschätzen: Abwesenheiten oder reduzierte Arbeitszeiten machen sich in der Pension deutlich bemerkbar! Ein Rechenbeispiel: Für den maximalen Anspruch sind 40 Dienstjahre nötig. Startest du deine Polizeikarriere mit 20 Jahren, wären es noch 42 Dienstjahre bis zur Pensionierung mit 62 Jahren. Somit hast du „nur" zwei Jahre „Puffer" für die Kindererziehung, ohne dass Abzüge bei der Pension drohen. Das gilt natürlich auch für Männer.

10 Versetzungen und alternative Karrierepläne

Kann ich mich zu einer anderen (Polizei-)Behörde versetzen lassen?

Die gute Antwort: Ja, grundsätzlich schon. Es macht aber einen großen Unterschied, ob du dich zu einer anderen Behörde oder zu einer anderen Polizeibehörde versetzen lassen willst – Letzteres geht nur mit einem gleichwertigen Tauschpartner.

Versetzung zu einer anderen Behörde

Externe Behörden mit Polizeibezug sind zum Beispiel die Ausländerbehörde, das Ordnungsamt, der Zoll, der Katastrophenschutz, das Innenministerium, der Verfassungsschutz oder das Auswärtige Amt. Sie besetzen offene Stellen meist intern, wovon Außenstehende wenig mitbekommen. Manche Stellen werden jedoch auch öffentlich ausgeschrieben, zu finden auf der jeweiligen Homepage oder über die bundesweite Internetpräsenz www.bund.de.

Wenn du dich bewerben willst, solltest du gut überlegen, wann du es deiner aktuellen Behörde mitteilst: Wie stehen deine Bewerbungschancen, wie lange würde es noch bis zum Dienstantritt auf der neuen Stelle dauern, wie gut verstehst du dich mit deinen Vorgesetzen …? Eventuell empfiehlt es sich, mit der Bekanntgabe zu warten, bis du eine definitive Zusage für deinen neuen Job hast. Spätestens dann reichst du auf dem Dienstweg deinen Versetzungsantrag ein und die Dinge nehmen ihren Lauf.

Am einfachsten ist es, wenn die aufnehmende Behörde der gleichen „Ebene" angehört wie die Polizei (Landesebene, Bundesebene oder im Fall Bremerhaven auch Kommunalebene). Versetzungsanträge zu einer anderen Ebene durchlaufen längere Dienstwege, sind aber nicht automatisch weniger aussichtsreich.

Versetzung zu einer anderen Polizeibehörde

Der Ablauf ist im Prinzip der gleiche wie soeben beschrieben. „Kleiner" Haken: Du musst einen gleichwertigen Tauschpartner der anderen Polizei benennen, sofern kein wirklicher Härtefall vorliegt (z .B. pflegebedürftige Eltern im anderen Bundesland). „Gleichwertig" bedeutet, dass zum einen die Laufbahn übereinstimmt und zum anderen dienstgradähnlich getauscht wird (wobei A 7 und A 8 sowie A 9 und A 10 normalerweise als gleichwertig gelten). Ein Tausch zwischen dem mittleren und dem gehobenen Dienst ist nur extrem schwer möglich und muss individuell begründet werden (z. B. Ehepartner, Pflegefall, Kinder ...).

Wie findet du einen passenden Tauschpartner? Zum Beispiel über spezielle Tauschbörsen im Internet, wie sie etwa von den Gewerkschaften angeboten werden, oder in einschlägigen Foren. Auch bei Facebook gibt es entsprechende Gruppen. Außerdem haben die Polizeien für Versetzungswünsche offizielle Ansprechstellen, bei denen Tauschpartner hinterlegt sein können.

Höchstwahrscheinlich wirst du viel Geduld brauchen: Manche Dienstherren ziehen besonders viele Interessenten an (aktuell z. B. der Bund, Bayern, Baden-Württemberg und Nordrhein-Westfalen), während es andernorts einen Überschuss an Wechselwilligen gibt (z. B. Berlin, Hessen, Rheinland-Pfalz). Es gilt Vitamin B aufzubauen und kreativ zu werden: Vielleicht kannst du Aushänge in Dienststellen der anderen Polizei platzieren? Gegebenenfalls lohnt ein Kontakt zum Personalrat. Ein Ringtausch mit mehreren Beteiligten ist auch möglich. Vorsicht ist bei sogenannten Tauschprämien geboten: Sie können disziplinarische Konsequenzen haben („Verkauf" des Amtes eines Dienstherrn).

Für jeden Tausch ist eine dienstärztliche Untersuchung gemäß PDV 300 nötig. Die Termine liegen oft weit in der Zukunft, was den Tauschvorgang insgesamt in die Länge zieht. Auch der Versand und die Prüfung der Personalakten kann mehrere Wochen in Anspruch nehmen.

Ein charmanter Umweg

Eine Alternative, falls du keinen Tauschpartner findest: Du lässt dich zunächst zu einer „Nicht-Polizei-Behörde" versetzen – das geht ohne Tausch – und bewirbst dich nach einer gewissen Zeit bei deiner favorisierten Polizei.

Beispiel: Du hast in Sachsen deine Ausbildung zum mittleren Polizeivollzugsdienst abgeschlossen, dort Dienst versehen und bist idealerweise bereits auf Lebzeit verbeamtet. Nun möchtest du gern nach München ziehen, findest aber keinen passenden Tauschpartner. In dem Fall könntest du dich auf freie Stellen kommunaler, bayerischer oder Bundesbehörden in München bewerben. Angenommen, du erhältst eine Zusage der Ausländerbehörde München, stehen die Chancen gut, dass der Freistaat Sachsen dich versetzt. Nach einiger Zeit in München könntest du dich wiederum als ausgebildeter Polizist bei der bayerischen Polizei um Einstellung bemühen.

Eine Erfolgsgarantie gibt es nicht, da für solche „Quereinstiege" nicht immer Stellen vorhanden sind. Falls du sehr unglücklich mit deiner aktuellen Situation bist, wäre das aber zumindest eine mehr oder weniger aussichtsreiche Option. Die dienstärztliche Untersuchung müsstest du dann allerdings nochmal bestehen.

Was mache ich, wenn ich „kündigen" will?

Du stellst nach einigen Dienstjahren fest, dass der Polizeiberuf dauerhaft doch nichts für dich ist? Du würdest gern eine Weltreise machen, hast im Lotto gewonnen und keine Lust mehr auf Arbeit? Kurz gesagt: Du denkst darüber nach, zu „kündigen" und etwas Anderes zu machen?

Der Entlassungsantrag

Beamte kündigen nicht, sie stellen einen „Antrag auf Entlassung", schriftlich auf dem Dienstweg einzureichen bei der Personalverwaltung. Sie bearbeitet den Antrag und kann – je nach Beamtengesetz – die Entlassung aus dienstlichen Gründen um wenige Wochen verzögern.

Wenn du einen solchen Antrag stellst, solltest du ein Entlassungsdatum angeben, das mindestens drei Monate in der Zukunft liegt. So bleibt genug Spielraum für die Bearbeitung durch die Personalstelle, für deinen Resturlaub (anteilig je nach Entlassungsdatum), für den Abbau deiner Überstunden und für deine Auskleidung.

Gründe musst du nicht angeben; der meist formlose Antrag hat weniger Umfang als eine Unfallaufnahme. Solltest du deine Entscheidung kurz darauf bereuen, kannst du von deinem Antrag in der Regel einfach zurücktreten – dein Dienstherr möchte dich als teuer ausgebildeten Beamten sicher gern behalten. Es sei denn, deine Disziplinarakte ist dicker als jede Ermittlungsakte und die Behörde ist froh, dich nicht mehr sehen zu müssen. Vereinbare am besten einen Termin bei deiner Personalverwaltung und informiere dich umfassend über die Details.

Beantragst du die Entlassung schon während der Laufbahnausbildung oder wenige Jahre danach, kann die Ausbildungsbehörde von dir eine Erstattung der Ausbildungskosten verlangen. Je nach dem konkreten Fall können es Beträge bis zu 10.000 € sein (theoretisch auch mehr).

Was tun, wenn die Motivation fehlt?

Die Polizei ist eine kleine Welt für sich und bietet dir vielfältige Möglichkeiten, deinen Interessen nachzugehen. Ein paar Beispiele:

- **Du suchst etwas Handwerkliches?** Vielleicht findest du es bei den Technischen Einheiten (z. B. Wasserwerfer), in der Werkstatt, als Techniker bei den Spezialeinheiten oder in der Druckerei.

- **Dir ist etwas Administratives oder Juristisches lieber?** Wirf einen Blick in die interne Polizeiverwaltung.
- **Du hast Interesse am Unterrichten?** Schau dich doch mal im Bereich der Ausbildungsstandorte um.
- **Du arbeitest gern projektorientiert?** Erkundige dich in den Sachgebietsleitungen oder Stabsbereichen.
- **Du brauchst mehr Action?** Bewirb dich bei den Spezialeinheiten.
- **Du arbeitest gern mit Tieren?** Vielleicht suchen die Hunde- oder Reiterstaffeln gerade Personal.

Bei der Polizei hast du viele Möglichkeiten, deinen individuellen Traumberuf zu finden – ohne die Vorzüge des Beamtentums aufzugeben. Vorausgesetzt, du hältst die Augen und Ohren offen und kümmerst dich selbstbestimmt um deine Vorstellungen und Wünsche. Bevor du den Antrag auf Entlassung stellst, solltest du dir deiner Sache sehr sicher sein!

Pensionsansprüche

Nach deiner Entlassung wirst du normalerweise in der Deutschen Rentenversicherung nachversichert und deine erworbenen Pensionsansprüche werden dorthin übertragen.

Alternativ bieten der Bund und einige Bundesländer das sogenannte „Altersgeld" an: Deine Pensionsansprüche werden bis zum Renteneintritt eingefroren, parallel kannst du ab der Entlassung in die Rentenkasse einzahlen. So erhältst du im Alter eine Pension und eine Rente. Das kann sich durchaus rechnen, da die vollständige Umrechnung der Pensions- in Rentenansprüche ein Minusgeschäft sein kann. Um den Antrag auf Altersgeld musst dich selber kümmern.

Wiedereinstellung beim früheren Dienstherrn

Nach deiner Entlassung kannst du bei jeder Polizeibehörde deine Wiedereinstellung beantragen. Am einfachsten geht das natürlich bei deinem früheren Dienstherrn: Er hat dich ausgebildet, kennt dich und freut sich, eine Stelle besetzen zu können, ohne jemanden teuer qualifizieren zu müssen. Allerdings muss dafür eine Planstelle frei sein und die Gremien müssen deinem Antrag zustimmen.

Außerdem musst du bei einer Wiedereinstellung nochmal zur polizeiärztlichen Untersuchung. Hat dir zwischenzeitlich bei einer Weltreise ein Krokodil einen Arm abgebissen, könnte es eng werden …

Selbst innerhalb eines Bundeslandes sind die verschiedenen Stellen oft uneins, wie sie bei Wiedereinstellungen verfahren sollen. Die Regularien sind undurchsichtig. Es kann vorkommen, dass dein Antrag abgelehnt wird, wenn du ihn zentral stellst (z. B. im Landespolizeipräsidium), und von einer untergeordneten Behörde angenommen wird. Für eine Wiedereinstellung solltest du dich umfassend schlau machen, zum Beispiel mithilfe der Gewerkschaften oder Personalverwaltungen.

Wiedereinstellung bei einer anderen Polizei

Möglich ist auch die Wiedereinstellung bei einer anderen Polizeibehörde. Du könntest also deine aktuelle Behörde um Entlassung bitten und danach bei einer anderen Polizei deine Wiedereinstellung beantragen. Dazu ist allerdings eine freie Planstelle nötig, außerdem musst du erneut zum Polizeiarzt und absolvierst ein Einstellungsgespräch. Das Verfahren ist selten standardisiert und daher oft komplizierter als erwartet.

Der Ablauf

Theoretisch könnte dich auch während eines laufenden Dienstverhältnisses ein anderer Dienstherr (ohne Zustimmung des aktuellen) zum Beamten bzw. zur Beamtin ernennen. Die alte Ernennung wäre damit hinfällig. Solche „feindlichen Übernahmen" werden aber grundsätzlich nicht durchgeführt. Daher bedingt jede Wiedereinstellung die vorherige Entlassung: Der Verwaltungsprozess beim neuen Dienstherrn beginnt erst, wenn die Entlassung wirksam ist.

Der gesamte Vorgang nimmt mindestens drei, eher sechs bis neun Monate in Anspruch: Einsicht der Personalakte, dienstärztliche Untersuchung, Zustimmung der Gremien, Verfügbarkeit der Planstelle ... Mach dich unbedingt bei den entsprechenden Stellen schlau, das Verfahren ändert sich jährlich und ist manchmal auch vom zuständigen Sachbearbeiter abhängig.

Wird mein Abschluss außerhalb der Polizei anerkannt?

Auch wenn es hart klingt: Außerhalb der Polizei hat dein Abschluss zunächst wenig praktischen Nutzen und es ist schwer, in einer anderen Branche unterzukommen. Am naheliegendsten ist sicher der Wechsel in verwandte Behörden. Stellenausschreibungen findest du unter anderem auf der staatlichen Jobbörse www.bund.de oder auf dem privaten Portal www.interamt.de.

Verfassungsschutz

Die Landesämter und das Bundesamt für Verfassungsschutz schreiben oft Stellen aus, für die Polizeibeamte gut geeignet sind. Eine Versetzung ist ohne Tauschpartner möglich und recht problemlos, da die Ämter ebenfalls den Innenministerien unterstehen. Am einfachsten ist die Versetzung innerhalb eines Bundeslandes bzw. innerhalb der Bundesebene.

Zoll

Der Zoll untersteht dem Bundesministerium für Finanzen und hat auch operative Einheiten wie die Zollfahndung, die Finanzkontrolle Schwarzarbeit oder die Zentrale Unterstützungsgruppe Zoll. Manche Stellen in diesen Bereichen werden bei Personalmangel auch mit Polizeibeamten besetzt. Die inhaltlichen Unterschiede sind allerdings groß, da hier Zoll- und Steuergesetze im Mittelpunkt stehen. Daher sind Übernahmelehrgänge obligatorisch.

Öffentliche Verwaltung

Die öffentliche Verwaltung umfasst Arbeitgeber auf Bundes-, Landes- und Kommunalebene – vom Landratsamt bis zum Ministerium, von den Stadtverwaltungen bis zu den Sozialversicherungen. Infolge des demografischen Wandels sind in den nächsten Jahren zahlreiche Stellen zu besetzen, die oft auch Externen offenstehen.

Polizeinahe Bereiche der öffentlichen Verwaltung sind zum Beispiel das Ordnungsamt mit den Sachgebieten für Kriminalitätsprävention, Verkehrssicherheit oder Versammlungsrecht. Passende Stellen können sich aber auch bei anderen öffentlichen Arbeitgebern finden (Bundesamt für Luftsicherheit, Europäische Zentralbank, Bundesbank, Bundesamt für Güterverkehr …). Mit etwas Glück wirst du vielleicht fündig.

Behörden in der öffentlichen Verwaltung sind in der Regel „echte Behörden" und unterscheiden sich in der Arbeitsweise stark von der Polizei. Versuche, deinen Beamtenstatus möglichst aufrecht zu erhalten und kein Angestelltenverhältnis mit Eingruppierung in eine E-Gruppe einzugehen.

Privatwirtschaft

Mit etwas Glück und Geduld kannst du in der freien Wirtschaft gute, zum Teil auch polizeinahe Angebote finden. Ein paar Beispiele:

- **Deutsche Bahn.** Von der Sicherheitskraft über den Diensthundeführer bis zur Disponentin der Sicherheitszentrale – die Bahn bietet viele Möglichkeiten. Mit etwas Glück finden sich auch Stellenausschreibungen für Führungsämter (z. B. in der Sicherheitszentrale), für Kriminalitätsprävention oder für Videoüberwachung. Die Bahn war bis 1994 eine Behörde, nun ist sie als Aktiengesellschaft organisiert und immer noch zu 100 % in Besitz des Bundes. Dies merkt man ihr oft auch an, was für Arbeitnehmer aber kein Nachteil sein muss (z. B. sicherer Arbeitsplatz).
- **Sicherheitsdienste.** Der berufliche Anspruch, die Sicherheit des Arbeitsplatzes und die Bezahlung sind in diesem Bereich eher gering. Ausnahmen sind Führungs- oder Managementpositionen, hier kann das Gehalt durchaus über der Polizeibesoldung liegen.
- **Andere Bereiche.** Deine Fähigkeiten, Kenntnisse und beruflichen Erfahrungen können auch in anderen Bereichen gefragt sein. Bei der Polizei hast du gelernt, Vorgänge zu strukturieren und mit Blick auf enge Vorschriften zu bearbeiten – das lässt sich grundsätzlich auch auf Unternehmensfelder wie Personalabteilung, Logistik oder Compliance übertragen. Hier musst du allerdings wirklich engagiert suchen, überzeugen oder auf Vitamin B zurückgreifen.

Nicht vergessen: Polizisten gehen in der Regel mit 62 Jahren in Pension, „normale“ Beamte mit 65 Jahren, und das reguläre Renteneintrittsalter in der Privatwirtschaft liegt aktuell bei 67 Jahren.

Fortbildung

11

Wie kann ich mich fortbilden?

Die Polizeien bieten vielfältige Aus- und Fortbildungsmaßnahmen an. Eine kleine Auswahl: Urkundenprüfung, Dienstführerscheine, Pädagogik, Fotolehrgänge, Drogenerkennung im Straßenverkehr, Führungsverantwortung, Einsatzkoch ... Die Lehrgänge stehen meist in elektronischen Katalogen im polizeilichen Intranet.

So weit, so gut. Damit du an einem Lehrgang teilnehmen kannst, müssen dich nur noch deine Vorgesetzten dafür vorsehen – und du musst Glück haben, dass ein Platz frei ist. Immer hilfreich: Bemühe dich aktiv um deine Fortbildung, mache deinen Vorgesetzten konkrete Vorschläge. Begründe, warum ausgerechnet du diese Fortbildung erhalten solltest und welcher dienstliche Nutzen sich ergibt.

Wird private Fortbildung unterstützt?

Dir gefallen die Angebote deiner Polizei nicht, oder es sind für dich schlicht zu wenige? Dann kannst du deinen Drang nach Herausforderung und persönlicher Entwicklung anderweitig stillen. Auf dem riesigen Feld der Fortbildungsmöglichkeiten hast du die Qual der Wahl zu jedem erdenklichen Thema. Vielleicht schwebt dir später sogar eine kleine (genehmigungspflichtige) Selbstständigkeit vor? Eine grobe Übersicht der Anbieter und Angebote:

- **Gewerkschaften und IPA.** Oft praxisnahe Tages- oder Wochenseminare, die gegen geringe Selbstbeteiligung auch einen gewissen „sozialen Faktor" (kollegiale Feierabendrunden) beinhalten.
- **Volkshochschulen.** Große Bandbreite an Themen, relativ geringe Kosten (sogar Abitur möglich).
- **Sprachkurse.** Alles ist möglich, von Apps bis hin zum Sprachurlaub.
- **Private oder öffentliche Bildungseinrichtungen.** Enorm vielfältige Anbieter, Seminare zu allen möglichen Themen (von kostenlos bis kost-

spielig): Fitnesscoach, Yoga-Lehrer, Hypnose-Coach, Finanzberaterin …

- **Fachhochschulen und Universitäten.** Mehr dazu ab Seite 171.

Deine Behörde wird sich über deine Ambitionen freuen: Ohne zusätzliche Kosten bekommt sie einen qualifizierteren Mitarbeiter mit Fähigkeiten, die eventuell sogar dienstlich hilfreich sind. Eventuell stellt die Behörde dich sogar für die Fortbildung frei. Ihr Hauptinteresse bleibt aber, dass du weiterhin deinen Job bei der Polizei erledigst.

Bildungsurlaub für Angestellte

Der Bildungsurlaub ist in allen Bundesländern außer Bayern und Sachsen möglich, allerdings nur für Angestellte (z. B. Wachpolizisten). Für Beamte kann es analoge Regelungen geben (siehe Seite 170). Angestellte in Vollzeit haben Anspruch auf fünf Werktage Bildungsurlaub pro Jahr, für längere Zeiträume muss man privat Urlaub nehmen oder eine Absprache mit dem Arbeitgeber finden.

Das Prinzip ist einfach: Der Arbeitgeber stellt den Arbeitnehmer bei Lohnfortzahlung frei („Urlaub"), Letzterer trägt die Kurskosten. Die Inhalte können aus der allgemeinen, politischen oder gewerkschaftlichen Bildung stammen. Der Kurs muss als Bildungsurlaub vom jeweiligen Kultusministerium anerkannt sein, kann aber auch im Ausland stattfinden (häufig z. B. Sprachkurse). Am Ende ist die Kursteilnahme per Urkunde zu bestätigen.

Kursanbieter gibt es unzählige, zu den bekanntesten gehören die Volkshochschulen. Manche Kurse sind in einem Bundesland anerkannt, im anderen nicht – einige Bundesländer prüfen nicht einmal selbst, sondern stützen sich auf das Urteil anderer.

Bildungsurlaub übertragen

Angestellte können ihren nicht genommenen Bildungsurlaub durch einen formlosen Antrag auf das kommende Jahr übertragen und dann sogar zehn Tage Bildungsurlaub nehmen. Mehr als zehn Tage sind aber nicht drin.

Dienstbefreiung für Beamte

Hier trifft jedes Bundesland eigene Regelungen, gestützt auf (Sonder-)Urlaubsverordnungen und das landesspezifische Bildungsurlaubsgesetz. Typisch sind Formulierungen wie: „Einer Dienstbefreiung zum Zwecke der Fortbildung soll (!) adäquat zum Bildungsurlaubsgesetz entsprochen werden."

In der Praxis heißt das: Der Dienstherr kann dir eine Dienstbefreiung (ohne Anrechnung von Urlaub) gewähren, wenn sie zur Fortbildung dient. Er kann deinen Antrag aber auch ablehnen – oder dir mehr als fünf Tage genehmigen.

Schritt für Schritt zum privaten Fortbildungskurs

- Suche dir am besten einen Kurs, der in deinem Bundesland als Bildungsurlaub anerkannt ist, und reserviere einen Platz – am besten mit mindestens drei Monaten Vorlauf, viele Kurse sind schnell ausgebucht. Auch die Gewerkschaften und die IPA bieten Kurse an.
- Begründe das dienstliche Interesse. Viele Kurse haben mit entsprechend „kreativer" Auslegung auch dienstlichen Nutzen (z. B. Sprachen, IT, Programmierung, Foto und Video, Rhetorik, politische Bildung …)

- Sprich mit deinem Vorgesetzten und stelle bei deiner Verwaltung auf dem Dienstweg einen Antrag auf Dienstbefreiung zum Zwecke der Weiterbildung und Kursteilnahme. Beantrage die Dienstbefreiung für die gesamte Kursdauer – wenn du im Schichtdienst bist und der Kurs deine Wochenarbeitszeit abdeckt, inklusive Wochenende.
- Jetzt heißt es abwarten. Eventuell genehmigt die Verwaltung nur einen Teil deiner beantragten Tage – dann müsstest du den Rest über Urlaub oder Überstunden abdecken.

Kann ich mich auch für andere Tätigkeiten vom Dienst befreien lassen?

Grundsätzlich ja. Du bist ehrenamtlich bei der Feuerwehr, im Sportverein oder bei den Pfadfindern tätig? Auch für solche Aktivitäten kann dich deine Behörde vom Dienst befreien. Das Ehrenamt sollte innerhalb eines Vereins organisiert und im Sinne einer gesellschaftlichen Verantwortung sein. Regelmäßige Termine werden in der Regel nicht anerkannt: Das wöchentliche Training der Jugendmannschaft kommt also nicht infrage, eher schon das einwöchige Seminar in Jugendpädagogik.

Dies und vor allem der zeitliche Umfang liegen im Ermessen der Behörde. Sprich am besten mit deinen Vorgesetzten oder der Verwaltung oder lege deinen Antrag einfach vor. Im schlimmsten Fall wird er abgelehnt – mehr passiert nicht.

Kann ich neben dem Beruf das Abitur, eine Ausbildung oder ein Studium machen?

Hauptberuflich Polizist, im Nebenjob Azubi? Das wird allein aufgrund der Präsenzzeiten im Ausbildungsbetrieb und der Berufsschule nicht funktionieren. Schon aus Fürsorgegründen würde deine Behörde so etwas nicht genehmigen.

Das Abitur kannst du über Abendschulen in Präsenz (im Schichtdienst schwierig) oder auch überwiegend selbstständig erlangen – und danach den Aufstieg vom mittleren in den gehobenen Dienst anpeilen. Da es sich nicht um einen Nebenerwerb handelt, brauchst du dein neues „Hobby" auch nicht anmelden oder genehmigen zu lassen. Für die Klausuren könntest du allerdings Dienstbefreiungen beantragen („bezahltes Frei").

Falls es dich an die Hochschule zieht, öffnet sich eine Welt berufsbegleitender Studiengänge vor dir. In den ersten Dienstjahren erhältst du wahrscheinlich nur eingeschränkte Förderungen und stehst noch auf keiner „Förderliste", sodass du deine Absichten offen kommunizieren kannst. Falls du dich jedoch bereits in einer Personalförderung befindest und nebenbei studieren möchtest, um die Polizei zu verlassen, solltest du dir überlegen, wann und wem du davon erzählst.

Welcher Studiengang ist der richtige?

Die Auswahl ist gewaltig. Prüfe zunächst deine Bildungsvoraussetzungen (Schulabschluss und bisheriger Berufsabschluss). Mit einer abgeschlossenen Berufsausbildung stehen dir heute auch ohne Abitur viele Bachelor-Studiengänge offen. Du hast bei der Polizei bereits ein Bachelor- oder Diplom-Studium abgeschlossen? Dann kommt für dich vielleicht sogar ein aufbauender (konsekutiver) Master infrage.

Eine hilfreiche Leitfrage: Welches Ziel verfolgst du mit deinem Studium? Wenn du es als reines Privatvergnügen betrachtest und du dich langfristig bei der Polizei siehst, dann studiere, was dir in den Sinn kommt. Andernfalls sind Studiengänge ratsam, die perspektivisch keine schlechtere Bezahlung als bei der Polizei versprechen. Manche Fächer können dich auch dienstlich weiterbringen, etwa Kriminologie, Management, Organisationsentwicklung, Religionswissenschaften, Soziologie oder Sport. Allerdings sind die Karrierechancen damit nur selten besser. Ein vollständiges Jurastudium wirst du nebenbei leider nicht abschließen können – für das zweite Staatsexamen ist ein Referendariat bei der Justiz nötig.

Wo kann ich nebenberuflich studieren?

Bei einer Universität oder (Fach-)Hochschule kannst du dich zum Präsenzstudium einschreiben. „Präsenz" bedeutet, dass du an Pflichtveranstaltungen unter der Woche teilnimmst. Zeitlich kann das anspruchsvoll werden, aber nicht unmöglich: Manche Kollegen und Kolleginnen haben nebenbei sogar in Präsenz Jura bis zum ersten Staatsexamen studiert!

Die meist angenehmere Form des nebenberuflichen Studiums ist ein Fernstudium bei einem privaten oder öffentlichen Anbieter.

Fernuniversität Hagen

Die einzige staatliche Fernuniversität ist der Platzhirsch unter den Fernunis.

Vorteile

- finanziell sehr günstig im Vergleich zu privaten Anbietern (reguläre Studiengebühren von wenigen tausend Euro)
- Möglichkeit von Klausuren im In- und Ausland (Standorte in jeder größeren Stadt, schriftliche Klausuren auf Antrag bei Goetheinstituten im Ausland ablegbar)
- hoher akademischer Anspruch
- vollwertiger Universitätsabschluss
- sehr flexible Studiengestaltung möglich

Nachteile

- wenig Einbindung in Studiengemeinschaften bzw. nur auf Eigeninitiative
- überschaubares Studienangebot
- kein „Campusleben"
- viele Inhalte, dadurch lange Studiendauer

Andere öffentliche Hochschulen

Auch weitere öffentliche Universitäten (z. B. Hamburg, Kassel, Bochum, Wien) bieten Fernstudiengänge an, allerdings zu höheren Beiträgen.

Vorteile

- grundsätzlich hoher akademischer Anspruch
- vollwertiger Universitätsabschluss
- regelmäßiger Besuch des Universitätscampus, z. B. ein Wochenende pro Quartal („Gefühl von Studentenleben")
- feste Studienjahrgänge / Netzwerke möglich

Nachteile

- überschaubares Studienangebot
- höhere Kosten
- feste Präsenzphasen

Private Hochschulen

Der Markt der privaten Hochschulen ist riesig. Deutsche und internationale Hochschulen werben um die Gunst von Interessierten, die großen Anbieter haben Standorte in jeder Großstadt.

Vorteile

- meist guter Service
- internationale Ausrichtung (ggf. Studium auf Englisch)
- individuelle Studiengänge und Module
- flexibler Studienverlauf möglich
- verkürzte Studiengänge möglich (z. B. Master mit nur 60 statt 120 Credits)

Nachteile

- meist (sehr) hohe Kosten, zwischen 3.000 € bis 10.000 €
- feste Präsenzphasen

Wissenswertes

Wie funktioniert das mit dem Schichtdienst?

So vielfältig die Polizei in Deutschland ist, so verschieden sind die Dienstmodelle. Im Grunde unterscheidet man zwischen dem Tag(es)-dienst, dem Schichtdienst (24 Stunden, 7 Tage die Woche) und einem flexibleren Modell in den Bereitschaftspolizeien. Viele Dienststellen gewährleisten einen 24/7-Dienst an 365 Tagen im Jahr, vor allem Polizeistationen, -wachen und -reviere sowie Kriminalwachen oder -dauerdienste (siehe „Übersicht: Dienststellenbezeichnungen" auf Seite 226).

Die konkreten Modelle variieren selbst in ein und demselben Bundesland mitunter von Dienststelle zu Dienststelle. Meist orientieren sie sich nicht an der Kalenderwoche und haben einen eigenen Rhythmus. Du wirst somit nur unregelmäßig freie Wochenenden haben und lediglich im Schichtplan feststellen können, ob du an deinem Geburtstag oder an Feiertagen arbeiten musst.

Gemäß der europäischen Arbeitszeitverordnung stehen dir feste Ruhezeiten zwischen den Diensten zu. Bestimmte Ausnahmen, zum Beispiel spontane Einsätze, erlauben jedoch längere Dienstzeiten.

Schichtdienst und Gesundheit

Schichtdienst ist nicht gerade gesundheitsfördernd. Untersuchungen haben ergeben, dass die gesundheitlichen Risiken bei einer Schichtdienstdauer von bis zu zehn Jahren meist überschaubar bleiben. Danach wachsen die Beeinträchtigungen, ab ca. 20 Jahren sind sie deutlich höher.[14] Daher ist es ratsam, nach einer bestimmten Zeit im Schichtdienst andere Tätigkeiten in Betracht zu ziehen.

Manche Dienstherren ermöglichen ihren Beamten einen früheren Pensionseintritt, wenn diese eine bestimmte Zeit im Schichtdienst gearbeitet haben (siehe Kapitel „Schichtdienst und Pensionseintritt" ab Seite 64).

Die Anzahl der Schichtmodell-Varianten ist groß. Im Folgenden ein grober Überblick:

Spät / Früh / Nacht mit vier Dienstgruppen

1. Möglichkeit: Das verbreitete „Doppelschlag"-Modell teilt die 24 Tagesstunden in drei Dienste mit vier Dienstgruppen. Beispielhaft beginnst du den ersten Rhythmustag mit einem Spätdienst von 12 bis 21 Uhr, leistest am nächsten Tag Frühdienst von 6 Uhr bis 12 Uhr und am selben Tag Nachtdienst von 21 Uhr bis 6 Uhr. Im Anschluss hast du drei Tage frei bis zum nächsten Spätdienst.
2. Möglichkeit: Die Dreiteilung kann auch wöchentlich abgebildet werden (Früh / Spät / Nacht oder Spät / Früh / Nacht). Zum Beispiel eine Woche Frühdienst, eine Woche Spätdienst und dann eine Woche Nachtdienst mit jeweils zwei wählbaren freien Tagen.
3. Möglichkeit: erst zwei Frühdienste, daraufhin zwei Spätdienste, schließlich zwei Nachtdienste und dann drei Tage frei.

Spät / Früh / Nacht mit fünf Dienstgruppen

Gliedert man das Personal in fünf Dienstgruppen, steigt die Flexibilität der Dienststelle und der Beamten. Allerdings sind die Gruppen dann schmaler besetzt und der Organisationsaufwand wächst: Du kommst nur auf die vorgesehene Regelarbeitszeit, wenn du zusätzliche Schichten übernimmst. Diese Ergänzungsdienste werden oft für Aus- und Fortbildung, Kontrollmaßnahmen oder das Schießtraining genutzt – oder zur Unterstützung der anderen Dienstgruppen bei hoher Urlaubs- bzw. Krankenrate.

Bedarfsorientiert

Hier gibt es keine feste Planung: Du kannst dir deine Dienste monatlich im Voraus einigermaßen frei einteilen. Der Dienstplan ist damit logischerweise nur selten vollständig – unbeliebte Zeiten, die zunächst unbesetzt geblieben sind, müssen später verbindlich verteilt werden.

Zusatzurlaub für Nachtdienste

Nachtdienste können einen Anspruch auf Zusatzurlaub begründen: abhängig von den geleisteten Stunden bis zu vier zusätzliche Urlaubstage pro Jahr, je nach Dienstherrn. Beispiel Baden-Württemberg und Thüringen: 150 Nachtdienststunden bringen einen weiteren Urlaubstag, 300 Nachtdienststunden zwei, 450 Nachtdienststunden drei und 600 Nachtdienststunden vier Urlaubstage.

Was muss ich bei meiner Uniform beachten, und darf ich sie auch privat tragen?

Das Tragen der Uniform, die zugehörigen Kleidungsstücke und ihre Kombinationsmöglichkeiten werden in Dienstanordnungen oder Verwaltungsvorschriften geregelt. Im Allgemeinen darfst du deine Uniform mit nach Hause nehmen, sie dort sicher verwahren und nach dem Ausbildungs- bzw. Studienabschluss auch beim Pendeln zur Dienststelle tragen. Hier bestehen jedoch individuelle Regelungen, insbesondere wenn du die Freifahrtmöglichkeit der Deutschen Bahn oder der Verkehrsverbünde nutzt.

Die Uniform in der Freizeit privat zu tragen ist meist untersagt – die Vorgaben sind jedoch unterschiedlich. Beispielhaft äußerte sich der Hessische Verwaltungsgerichtshof wie folgt:

„Soll die Uniform bzw. das Tragen der Uniform ihren Zweck, nämlich die Legitimation des Beamten im Zusammenhang mit der Dienstausübung äußerlich erkennbar zu machen, dauerhaft erfüllen, so gebietet dies, ei-

nen ungeregelten Gebrauch der Uniform außerhalb des Dienstes zu unterbinden." (Beschluss vom 11.8.2011, ZBR 2012, 137ff)

Wenn ein für die Polizei repräsentativer Zweck besteht und du es dir genehmigen lässt, darfst du die Uniform auf privaten Veranstaltungen problemlos tragen. Dazu zählen etwa Sportveranstaltungen oder sogar deine eigene Hochzeit, aber das ist wirklich Geschmackssache.

Die Uniform zu verkaufen oder zu verleihen ist selbstverständlich unzulässig. Sollten Teile geklaut werden, solltest du zwingend Strafanzeige erstatten. Alte Uniformteile können im Hausmüll entsorgt werden, wenn alle Hoheitsabzeichen entfernt worden sind und die Uniform nicht mehr tragfähig ist. Ein Zerschneiden ist die beste Lösung.

Das Tauschen von Hoheitsabzeichen (sogenannter Patches) ist weit verbreitet, auch international. Bei bundeslandübergreifenden Einsätzen tauschen die Kollegen solche Patches gern, um ihre Sammlung zu komplettieren. Vor allem Abzeichen besonderer Dienststellen oder Einheiten (z. B. Beweissicherungs- und Festnahmeeinheiten) sind begehrt.

Beim Patchtausch ist allerdings Vorsicht geboten: Der Dienstherr stellt dir die Patches für deine eigene Uniform zur Verfügung, nicht damit du sie bundesweit oder gar rund um den Globus verteilst, womöglich noch an unberechtigte Dritte. Wenn du über dein Bekleidungskonto auffällig viele Patches bestellst, solltest du mit entsprechenden Nachfragen oder sogar dienstrechtlichen Folgen rechnen!

Früher waren die Patches üblicherweise fest an der Uniform vernäht. In Bundesländern mit gemeinsamer Uniform (etwa in Norddeutschland) ist das seit einigen Jahren anders, hier werden die Patches per Klett angebracht.

Sind private Patches erlaubt?

Wo wir beim Thema Patches sind: Verwende nur die dienstlichen! Privat beschaffte Patches können dienstrechtliche Konsequenzen nach sich ziehen. Vor allem in den sozialen Medien tummeln sich diverse Motive: Blutgruppen, Einhörner, bunte Abzeichen für Diensthundeführer, Hoheitsabzeichen in Pink oder Schwarz („Black Ops") ... Bekannt ist auch eine dünne blaue Linie („thin blue line"), die in der Kritik steht, weil sie als Symbol auch von Extremisten genutzt wird.

Zugegeben, manche Patches mögen optisch durchaus ansprechend sein – dienstlich sind sie allesamt unzulässig. Sie können zu deinem Nachteil interpretiert werden, dein professionelles Auftreten schwächen und andere provozieren. Kurz und knapp: Verzichte auf private Patches an Uniform, Einsatztasche und Einsatzrucksack.

Darf ich im Dienst ein Kopftuch tragen?

Die Bekleidungsvorschriften der meisten Polizeien erlauben kein Kopftuch zur Uniform, um ein neutrales, einheitliches Erscheinungsbild zu gewährleisten. Muss keine Uniform getragen werden, sollte ein Kopftuch (mit Ausnahme vom Sport) kein Problem sein.

Sind religiöse Symbole grundsätzlich überhaupt mit dem Dienst vereinbar? Diese Frage würde beispielsweise auch Halsketten mit Kreuzen oder Davidsternen betreffen und ist rechtlich nicht eindeutig geklärt, denn verfassungsrechtlich sind (christliche) Kirche und Staat nicht klar getrennt. Einzelfälle müssen (im Beschwerdefall) von der jeweiligen Behörde geprüft werden.

In diesem Zusammenhang lässt sich auch hervorragend über das Aufhängen von Kreuzen als christliche Symbole in Polizeidienststellen diskutieren. Nach dem „Kreuzerlass“ des CSU-Ministerpräsidenten Markus Söder muss seit 2018 im Eingangsbereich jedes bayerischen Dienstgebäudes ein Kreuz hängen, um die geschichtliche und kulturelle Prägung Bayerns auszudrücken. Klagen gegen diese Vorschrift blieben bislang erfolglos.

Wie verhalte ich mich in Social Media?

Die goldene Empfehlung im privaten Umgang ist: Dass du Polizist oder Polizistin bist, solltest du grundsätzlich immer vertrauensvoll und mit Bedacht kommunizieren – egal ob online oder in der realen Welt!

Das heißt nicht, dass du ein Geheimnis daraus machen musst, allerdings gilt es die Folgen zu bedenken. Manche stehen der Polizei negativ gegenüber, schnell erhält man auch den Stempel „das ist doch der Polizist/die Polizistin“. Daher ist es ratsam, wenn du deinen Beruf Fremden nicht sofort auf die Nase bindest. Das gilt auch im Internet – vor allem natürlich in öffentlich sichtbaren Bereichen.

Jede Polizei hat einschlägige Dienstanweisungen, die auch in deiner Laufbahnausbildung thematisiert werden. Falls dein Beruf öffentlich recherchierbar ist, können Verwendungen in Spezialeinheiten möglicherweise eingeschränkt sein. In der Vergangenheit haben Polizeigegner bereits Listen von Polizisten im Internet veröffentlicht, teilweise mit Wohnorten und dem Appell zum „Hausbesuch“ – einem Aufruf zu Straftaten.

Klar ist, dass deine Aussagen oder Kommentare im Internet mit der fdGO im Einklang stehen müssen und du deine Beamtenpflichten erfüllen musst (siehe Kapitel „Eintreten für die freiheitlich demokratische Grundordnung (fdGO)“ ab Seite 77). Das Straf- oder Disziplinarrecht gilt uneingeschränkt auch im digitalen Raum (siehe Kapitel „Was ist das Disziplinarrecht“ ab Seite 55)!

Polizei-Influencer

Eine Karriere als „Polizei-Influencer" ist im Grunde möglich, kann aber auf Gegenwind aus der Dienststelle oder von Kollegen stoßen. Mache dich am besten im Vorfeld über die Rahmenbedingungen schlau und führe ein offenes Gespräch mit deinen Vorgesetzten.

Vorsicht ist geboten, wenn deine Social-Media-Aktivität Einkünfte generiert (auch Werbegeschenke als Sacheinnahmen) – dann kann es sich um eine genehmigungspflichtige Nebentätigkeit handeln.

Kann ich mich privat in den Dienst versetzen?

Das ist möglich und durchaus realistisch. Als Polizeibeamtin oder -beamter legst du deinen Beruf nach Dienstschluss nicht einfach ab: Du hast auch im Privaten eine Verantwortung gegenüber deinem Dienstherrn. Du musst nicht nur für die freiheitlich demokratische Grundordnung eintreten, sondern auch bei schwerwiegenden Gefahren oder höherwertigen Straftaten aktiv werden – andernfalls kann deine Untätigkeit womöglich disziplinarrechtlich geprüft werden.

Du bist zum Beispiel bei einem schweren Unfall anwesend? Dann hast du die Pflicht zur Hilfeleistung. Du beobachtest in der Freizeit einen Einbruch? Dann wähle zumindest den Notruf und unterstütze die Kollegen mit einer guten Personenbeschreibung.

Wie du konkret handeln solltest, hängt von der Situation ab. Je nachdem kannst du dich auch als Polizeibeamtin oder Polizeibeamter einbringen, idealerweise legitimiert per Dienstausweis: Dann stehen dir bundesweit alle Maßnahmen der Strafprozessordnung und – in deinem Bundesland – das betreffende Polizeigesetz zur Verfügung. Nun dürftest du etwa polizeilich die Identität einer Person feststellen. Mit der Indienstversetzung greifen außerdem die dienstrechtlichen Absicherungen. Eventuell kannst du dir den Vorgang sogar als Dienstzeit anrechnen lassen.

Meist ist es allerdings ratsamer, nicht sofort den Dienstausweis zu zücken und mit übersteigerter Motivation in möglicherweise gefährliche Situationen zu rennen. Alternativ kannst du den Notruf wählen, das Geschehen mit dem Smartphone filmen oder einem flüchtenden Verdächtigen unauffällig folgen.

Darf ich kostenlos Bahn fahren?

Bei den allermeisten Polizeien: ja. Mit der Deutschen Bahn gibt es entsprechende Vereinbarungen zu Freifahrtregelungen in der 2. Klasse (auch ICE), um die Sicherheit in den Zügen und das Sicherheitsgefühl der Passagiere zu steigern. Voraussetzung: Du hast deine Ausbildung / dein Studium abgeschlossen, bist bereit, bei Vorkommnissen einzugreifen oder zu unterstützen und trägst deine Uniform – BKA-Angehörige (grundsätzlich in Zivilkleidung) haben diese Möglichkeit daher nicht. Vergleichbare Regelungen bestehen mit anderen ÖPNV-Anbietern, vor allem regionalen Bahnunternehmen und Nahverkehrsbetrieben.

Bahn fahren als Polizist / Polizistin

- Die internen Regelungen der jeweiligen Dienstherren können die Freifahrtregelung einschränken. So könnten zum Beispiel nur Fahrten zwischen Dienststelle und Wohnung erlaubt sein – mache dich dazu vorab schlau.
- Ein polizeiliches Einschreiten in den Zügen oder den Bahnhöfen der Deutschen Bahn wird erwartet, wenn du ein Verhalten wahrnimmst, das das Sicherheitsgefühl der Passagiere beinträchtigen könnte (Streit im Bordbistro, Rauchen auf der Toilette, Beleidigungen ...). Auch das Zugpersonal kann auf dich zukommen – vor allem, wenn Personen ohne Fahrschein oder Identitätspapiere angetroffen werden.

- Du musst für die Freifahrtregelung Uniform tragen, was logisch deine Dienstwaffe und weitere Einsatzmittel einschließt. Diese müssen am Zielort sicher verwahrt werden – entweder bei dir zu Hause oder auf der Dienststelle deines Wohnortes, welche die Verwahrung in kollegialer Absprache meist ermöglicht. Verwahrst du die Waffe zu Hause, musst du einen zugelassenen Waffenschrank haben (zum Umgang mit Waffen siehe Seite 188 f).
- Ein ordentliches Auftreten und ein amtsangemessener Umgang mit anderen Passagieren und dem Zugpersonal sollte selbstverständlich sein. Auch wenn es nerven kann: Fragen nach dem Weg oder der besten Verbindung sind an der Tagesordnung und sollten höflich beantwortet werden.
- Sei dir bewusst, dass es zu unangenehmen Situationen kommen kann und womöglich keine Kollegen in der Nähe sind. Extremfälle sind selten, kommen aber vor. So erschoss im Mai 2018 eine 22-jährige Polizistin in Flensburg einen mit einem Messer bewaffneten Angreifer im Zug. Sie war uniformiert, aber privat gereist und wurde schwer verletzt.[15]
- Rechtlich musst du vor allem in der StPO, im StGB und im OwiG fit sein. Falls du dich in einem anderen Bundesland befindest, kannst du möglicherweise nur eingeschränkt auf die präventiven Polizeigesetze zurückgreifen. Die Bundespolizei hat es hier deutlich einfacher und ist auf den Gleisanlagen der Deutschen Bahn überall örtlich zuständig.
- Bei einer Festnahme im Zug kann das Bahnpersonal die Bundespolizei des nächsten Bahnhofes kontaktieren. Notiere dir möglichst alle Informationen und übergebe deinen Namen und (dienstliche) Erreichbarkeit – eventuell hast du eine dienstliche Visitenkarte? Im Nachgang kann es notwendig werden, einen Bericht anzufertigen.

- Gegebenenfalls musst du dein Einschreiten bei deiner Behörde melden. Ob du eine Zeitgutschrift für das „Indienstversetzen" erhältst, liegt an deinem Verhandlungsgeschick.

Muss ich auf Verlangen meinen Dienstausweis vorzeigen?

Grundsätzlich ja. Doch wie so vieles hängt auch das von den Dienstvorschriften der jeweiligen Polizei ab. Oft gilt: In Uniform musst du dich nur dann ausweisen, wenn begründete Zweifel an deiner Eigenschaft als Polizist bzw. Polizistin bestehen. Im zivilen Einsatz muss der Dienstausweis grundsätzlich immer vorgezeigt werden (bei manchen Polizeien nur auf Nachfrage). Kriminalbeamte erhalten – mittlerweile nicht mehr überall – zusätzlich eine Kriminalmarke mit einer individuellen Nummer auf der Rückseite.

In der Praxis solltest du dem Bürger etwas Zeit geben, deinen Ausweis zu prüfen, damit er feststellen kann, dass du wirklich Polizist bzw. Polizistin bist – auch wenn kaum jemand „echte" Dienstausweise kennt (noch dazu sehen sie von Polizei zu Polizei anders aus). Natürlich ist das Vorzeigen nur möglich, wenn es die Situation zulässt. Und „vorzeigen" bedeutet nicht „aushändigen".

Bewahre deinen Dienstausweis gut auf. Du kannst ihn auch privat mitnehmen – bei Partys oder ähnlich turbulenten Veranstaltungen lässt du ihn aber besser daheim oder auf der Dienststelle: Zu groß ist die Gefahr des Diebstahls oder Verlustes mit möglicherweise disziplinarrechtlichen Folgen. Kommt der Ausweis dennoch abhanden, musst du es sofort melden, damit er zur Fahndung ausgeschrieben werden kann.

Darf ich meine Dienstwaffe mit nach Hause nehmen?

In der Regel ja. Und jetzt ein gewaltiges „Aber" und viele Einschränkungen. Zum Umgang mit Dienstwaffen hat jede Polizei Dienstvorschriften, Erlasse und Belehrungen, die du zwingend beachten musst! Für Tarifangestellte sind die Vorgaben häufig besonders scharf.

Der Besitz und das Führen von Waffen, insbesondere Schusswaffen, wird durch das bundeseinheitliche Waffengesetz (WaffG) beschränkt. Gemäß § 55 Abs. 1 Nr. 3 gilt es allerdings nicht für „die Polizei des Bundes und der Länder […], soweit sie dienstlich tätig werden" sowie bei „Polizeibediensteten […], soweit sie durch Dienstvorschriften hierzu ermächtigt sind, auch für den Besitz über dienstlich zugelassene Waffen und Munition für das Führen dieser Waffen außerhalb des Dienstes".

Der Umgang mit Waffen

- Der Umgang mit Waffen erfordert höchste Sorgfalt und Bedacht. Insbesondere Schusswaffen bergen maximale Gefahren.
- Zum Führen deiner Dienstwaffen legitimiert dich dein Dienstausweis.
- Außerhalb des Dienstes darfst du deine Waffen erst nach deiner Ausbildung bzw. deinem Studium mitführen.
- Unter dem Einfluss berauschender Mittel dürfen selbstverständlich keine Dienstwaffen geführt werden.
- In Versammlungen (z. B. Demonstrationen) und auf Veranstaltungen (z. B. Fußballspiele, Konzerte) ist es in den meisten Bundesländern laut (Bundes-)Versammlungsgesetz verboten und strafbar, Waffen zu führen. Das kann auch für das private Mitnehmen des dienstlichen Pfeffersprays „zur Selbstverteidigung" gelten.
- Die ordnungsgemäße Verwahrung der Waffen ist extrem wichtig (vgl. § 36 WaffG). In deiner Wohnung brauchst du unbedingt ei-

- nen fest eingebauten Waffentresor (z. B. im Mauerwerk verankern/dübeln). Die Kosten von rund 300 € lassen sich steuerlich absetzen. Alle ab Juli 2017 erworbenen Waffenschränke müssen die Voraussetzungen der DIN/EN 1143-1 erfüllen, die alten Maßgaben der VDMA 24992 (z. B. Stufen A, B, S 1) sind nicht mehr gültig (für Kurzwaffen wie Dienstpistolen gilt nun mindestens die Klasse 0). Achte beim Kauf darauf.
- Der Tresor kann durch Schlüssel, Zahlencode oder Fingerprint gesichert sein (die beiden letztgenannten Systeme haben einen Sicherheitsschlüssel für den Fall leerer Batterien). Die Zugangsmittels sollten mit Bedacht verwahrt werden und ein Zugriff Dritter soweit wie möglich erschwert sein.
- Hast du deine Dienstwaffe im Tresor eingeschlossen, kann es ratsam sein, den Schlüssel bei Verlassen des Hauses mitzunehmen und den Ersatzschlüssel außerhalb aufzubewahren, etwa im Waffenschließfach der Dienststelle. So erschwerst du Dritten – zum Beispiel Einbrechern – den Zugriff bestmöglich und entkräftest eventuelle Vorwürfe im Voraus.

Zu guter Letzt stelle dir folgende Frage: „Warum muss oder will ich meine Waffe mitnehmen?“ Wenn du ehrlich bist, gibt es darauf nur eine wirklich logische Antwort – du nutzt die Freifahrtregelung, um in Uniform mit dem Zug zur Arbeit zu pendeln.

Aus anderen Gründen solltest du deine dienstlichen Waffen auf keinen Fall mitführen! Das Verlust- oder Missbrauchsrisiko ist einfach viel zu hoch. Insbesondere Schusswaffen können maximale Schäden anrichten – diese Last möchte niemand tragen. Selbst wenn du nachts privat Opfer eines Raubüberfalls werden würdest: Der Verlust eines Smartphones und ein blaues Auge sind wesentlich leichter zu verkraften, als wenn du mit deiner Dienstwaffe jemanden verletzt.

Darf ich auch außerhalb des Dienstes mit Sonderrechten Auto fahren?

Laut § 35 der Straßenverkehrs-Ordnung (StVO) ist die Polizei (und andere Behörden) von den Straßenverkehrsregeln ausgenommen, soweit es „zur Erfüllung hoheitlicher Aufgaben dringend geboten ist". Zur dringenden Gefahrenabwehr oder Strafverfolgung dürfen Polizisten also zum Beispiel auf Gehwegen parken, schneller fahren oder über rote Ampeln rollen. Zusätzlich gilt das Wegerecht (§ 38 StVO): Andere Verkehrsteilnehmer müssen der Polizei mit eingeschaltetem Blaulicht und Sirene Platz machen.

Eine Besonderheit: Im Falle der Polizei (und auch der Feuerwehr) beziehen sich die Sonderrechte auf die Person und nicht das Fahrzeug. Polizisten dürfen also auch im Privat-Pkw Verkehrsregeln missachten, wenn sie sich in den Dienst versetzen, um nennenswerte Straftaten wie Trunkenheitsfahrten zu verfolgen. Dabei sind sie zu besonderer Besonnenheit verpflichtet.

Außerhalb des Dienstes bist du nicht als Polizei erkennbar. Überlege dir gut, ob du dich privat in den Dienst versetzt und Sonderrechte in Anspruch nimmst. Mögliche Unfälle werden auch dienstrechtlich geprüft und die Schadensregulierung ist kompliziert.

Grundsatz der Verhältnismäßigkeit

Wie bei jedem polizeilichen Handeln gilt auch bei Sonder- und Wegerechten der Grundsatz der Verhältnismäßigkeit: Das Vorgehen muss geeignet, erforderlich und angemessen, spricht notwendig und zielführend sein.

Was sind Lebensarbeitszeitkonten?

Lebenszeit- oder Langzeitarbeitskonten (LAK) gibt es nur bei wenigen Dienstherren. Das Prinzip: Auf einem getrennten Stundenkonto sparst du monatlich Stunden an und kannst dir damit später eine Auszeit nehmen oder früher in den Ruhestand gehen. In Nordrhein-Westfalen ist dies freiwillig, in Hessen wird pro Woche automatisch eine Stunde gutgeschrieben.

Kann ich ein Praktikum bei der Polizei machen?

Schülerpraktika ermöglicht fast jede Polizei. Was du genau erlebst – und ob du im Streifenwagen mitfahren darfst –, kommt auf die jeweilige Polizei an. Unabhängig davon lohnen sich solche Praktika immer, sie geben dir spannende Einblicke in den Beruf. Deine Ansprechpartner sind die jeweiligen Einstellungsberatungen: Dort solltest du dich früh, bestenfalls mehrere Monate vorab melden und deine Bewerbungsunterlagen einreichen. Manche Behörden nehmen auch am Girls' oder Boys' Day teil und bieten an diesen Tagen ein breites Programm mit Vorführungen – auch dafür solltest du dich früh anmelden.

Für (ältere) Quereinsteiger gibt es nur selten entsprechende Angebote. Am besten fragst du einfach nach; möglicherweise richtet man speziell für dich einen eigenen Praktikumsplatz ein.

Manche Bundesländer bieten auch die Chance, das Fachabitur mit der Fachrichtung Polizei zu absolvieren. Dies dauert zwei Jahre und beinhaltet einen schulischen Teil und viele praktische Einheiten bei einer Polizeibehörde.

Erfahrungsberichte

Alex (Spurensicherung)

In welchem Bereich arbeitest du genau?

Ich habe mich zu Beginn des dualen Studiums in Hessen für den Direkteinstieg bei der Kriminalpolizei entschieden. Nun arbeite ich seit etwas über zwei Jahren im Bereich der Spurensicherung.

Wie sieht dein Berufsalltag aus?

Kein Tag ist vorhersehbar. In unserem Bereich arbeiten wir in enger Zusammenarbeit mit den verschiedenen Fachkommissariaten, daher ist unsere Arbeit sehr vielfältig. Wir werden zum Beispiel oft bei Wohnungseinbrüchen oder Tötungsdelikten angefordert. Dann bereiten wir uns vor und fahren zum Tatort. Dort suchen wir Spuren, zum Beispiel Fingerabdrücke oder Blutspuren, und sichern sie für das Strafverfahren. Im Anschluss muss alles verschriftlicht werden. Der Fall wird dann im zuständigen Fachkommissariat weiterbearbeitet.

Wie bist du auf die Idee gekommen, Polizist zu werden? Was hat dich am Polizeiberuf gereizt?

Wie viele andere war ich schon von klein auf von der Polizei begeistert, weil ich den Beruf unheimlich „cool" fand. Mit zunehmendem Alter stellt man natürlich weitere Vorteile fest, beispielsweise die berufliche Sicherheit und die Vielfalt im Alltag.

Was ist für dich das Tolle am Polizeiberuf – und was ist eher ein Nachteil?

Kein Tag ist wie der andere. Es kommt kein Alltagstrott herein, der Beruf ist und bleibt von Anfang an spannend. Was mir von Beginn an schon sehr gefallen hat, ist das Arbeiten im Team. Das ist bei der Polizei natürlich von absoluter Wichtigkeit, da man sich aufeinander verlassen muss. Da werden Kolleginnen und Kollegen auch schon gerne mal zu guten Freunden.

Nichtsdestotrotz bringt auch der Polizeiberuf Nachteile mit sich. Im Berufsalltag treten immer wieder unvorhergesehene Situationen auf, auf die man nicht vorbereitet ist. Man muss gut improvisieren können.

Wie waren die ersten Tage und Wochen im Beruf für dich?

Durch das Studium habe ich mich gut vorbereitet gefühlt. Ich war bereit, endlich das einzusetzen, was ich gelernt habe.

Wie hat dir die Ausbildung gefallen? Welche Fächer waren besonders schwer?

Rückblickend würde ich sagen, dass ich die Ausbildung als sehr gut empfand. Natürlich hat man währenddessen auch mal zu kämpfen. Gerade die Rechtsfächer verlangen einem alles ab.

Welche Situation im Berufsalltag war für dich bisher am schlimmsten oder gefährlichsten?

Im Bereich der Kriminalpolizei stehen wir in der Regel nicht an vorderster Linie, wodurch es seltener zu brenzligen Situationen kommt. Aber auch hier kann es jederzeit zu unvorhergesehenen Ereignissen kommen. Beispielsweise waren wir einmal an einem Tatort mit unserer Spurensicherung beschäftigt. Währenddessen kam der Täter zurück zum Tatort. Es kam zur Festnahme.

Würdest du dich heute wieder für den Polizeiberuf entscheiden?

Jederzeit und ohne zu zögern. Ich habe bislang durchweg positive Erfahrungen gemacht, wodurch ich mich in meiner Berufswahl sehr bestätigt fühle.

Welche Tipps hast du für jemanden, der/die auch Polizist/in werden möchte? Was sollte man auf jeden Fall mitbringen?

Aufpassen in der Ausbildung bzw. im Studium! Im Berufsalltag muss ich viel umsetzen, was ich dort gelernt habe. Das Wissen in den Rechtsfächern bildet die Grundlage für die Entscheidungen, die man während der Arbeit treffen muss. Teamfähigkeit wird bei der Polizei großgeschrieben.

Was war bisher dein spannendster oder aufregendster Einsatz?

Die Spurensicherung an Tatorten nach vollendeten Tötungsdelikten ist immer am spannendsten. Häufig ist die Rechtsmedizin dabei. Anhand der aufgefundenen Blutspuren kann dann eine Blutspurenmusteranalyse erfolgen, um so die Tathandlung rekonstruieren zu können. Das Vorgehen der Täter ist oftmals sehr erschreckend.

Doreen (bahnpolizeiliche Aufgaben)

In welchem Bereich arbeitest du genau?

Ich arbeite im Bereich Bundespolizei – Bahnpolizeiliche Aufgabenwahrnehmung.

Wie sieht dein Berufsalltag aus?

Ich ziehe mich im Polizeirevier um und nehme meinen Funk sowie meine Führungs- und Einsatzmittel auf. Nach einer kleinen Besprechung machen wir uns an die Arbeit. Der Dienstbeginn kann ganz unterschiedlich aussehen. Mal laufen wir direkt zum ersten Einsatz, mal müssen wir noch Schriftlagen fertigen, aber häufig können wir den Dienst mit einer ruhigen Streife beginnen. Im Laufe der Schicht kommen verschiedene Einsätze auf uns zu. Zu den häufigeren Anlässen gehören das Erschleichen von Leistungen (Schwarzfahren), Diebstahl und Körperverletzungen. Besonders am Bahnhof werden wir im Rahmen der Streife auch von Reisenden angesprochen, die Auskunft suchen oder uns auf hilflose Personen aufmerksam machen. Wir kümmern uns dann um die nötige Hilfe.

Wie bist du auf die Idee gekommen, Polizistin zu werden? Was hat dich am Polizeiberuf gereizt?

Als Kind fand ich es immer faszinierend und bewundernswert zu sehen, wie Polizisten zum Einsatzorten eilen, um andere Leute zu schützen. In schwierigen, scheinbar ausweglosen und gefährlichen Situationen ist es die Polizei, die gerufen wird. Zu sehen, wie Polizisten alles stehen und liegen lassen, um zu helfen, hat in mir ein Gefühl der Zufriedenheit hervorgerufen. Am Flughafen hatte ich dann das erste Mal Kontakt zur Bundespolizei, danach habe mich näher informiert.

Was ist für dich das Tolle am Polizeiberuf – und was ist eher ein Nachteil?

Das Tolle ist, dass meine Erwartung und die Faszination Polizei, die ich von Kindheit an erlebt habe, mich auch im jungen Erwachsenenalter nicht hängen lässt. Ich erlebe spannende Situationen, kann meinen Teil zur Gerechtigkeit beitragen und habe super Kollegen, auf die ich mich jederzeit verlassen kann. Ich habe einen Beruf gefunden, der mir sehr viel Spaß macht, Sicherheit gibt und diverse Möglichkeiten der Fort- und Weiterbildung bietet.

Ein Nachteil sind Medien. Ich bin in Uniform öffentlich für jeden sichtbar, was selbstverständlich Sinn und Zweck ist. Wir möchten, dass Menschen uns wahrnehmen. Am Bahnhof kommen Gewaltdelikte täglich vor. Es bleibt nicht aus, dass wir Zwang ausüben, Personen fesseln und das manchmal sehr dynamisch wird. Da ist das Handy schnell mal gezückt. Es werden kleine Ausschnitte ins Netz gestellt, in denen Polizisten als Widerstandsbeamte oder Misshandler dargestellt werden, weil fünf bewaffnete Beamte um eine Person herum stehen. Die Vorgeschichte ist den Leuten in der Regel nicht bekannt. Über Social Media können solche Kurzvideos Vorurteile über die Polizei fördern. Das ist sehr schade. Ich bin mir unsicher, wie die Bevölkerung zukünftig über die Polizei denken wird.

Wie waren die ersten Tage und Wochen im Beruf für dich?

Unsicher und sicher zugleich. Durch die Ausbildung habe ich die nötigen Grundlagen mitbekommen, aber das eigentliche Handwerk gab es dann zu erlernen. Da ich immer einen erfahrenen Beamten dabei hatte, wusste ich, dass mir immer jemand helfen kann. Es war ein sanfter Einstieg, da zu Beginn der Pandemie ohnehin nicht so viel los war. Ich musste mich allerdings daran gewöhnen, gewisse Gerüche zu riechen, suchtkranke Menschen zu sehen und zu verstehen, dass die Anpassung an sprachliche Gebräuche zur Verständigung essenziell ist.

Wie hat dir die Ausbildung gefallen? Welche Fächer waren besonders schwer?

Mir hat die Ausbildung sehr gut gefallen, denn spätestens dort konnte man feststellen, ob man im Team arbeiten kann oder nicht. Für mich waren einige Bereiche im Einsatzrecht zunächst nicht so leicht verständlich. Ständig wurde auf andere Gesetze verwiesen, man musste sich viel merken und konnte schnell den Faden verlieren. Im sportlichen Bereich hatte ich in einigen Disziplinen Schwierigkeiten, aber das Gute war, dass im und nach dem Dienst die Möglichkeit bestand zu üben, sodass ich daran arbeiten und am Ende alles bestehen konnte.

Welche Situation im Berufsalltag war für dich bisher am schlimmsten oder gefährlichsten?

Am gefährlichsten waren für mich bislang immer die Situationen, in denen Menschen mit geballten Fäusten und drohender Miene auf einen zukommen. Diese Leute wollen gar nicht reden, sondern einem gesundheitlich schaden. Aber Teamwork, Vertrauen und polizeiliche Einsatztechniken bringen einen heil aus solchen Einsätzen heraus.

Welcher Aspekt am Polizeiberuf hat dich am meisten überrascht, weil du damit vorher nicht gerechnet hast?

Wir wurden bereits in der Ausbildung aufgeklärt, wie man sich im Gleisbereich zu verhalten hat, wo die Gefahrenpunkte liegen und was mit dem Betreten von Gleisanlagen alles einhergeht. Ich hätte nicht erwartet, dass ich so oft im Gleisbereich sein würde wie jetzt tagtäglich.

Würdest du dich heute wieder für den Polizeiberuf entscheiden?

Ja, das würde ich.

Welche Tipps hast du für jemanden, der/die auch Polizist/in werden möchte? Was sollte man auf jeden Fall mitbringen?

Sei offen dafür, nicht direkt an den Dienstort zu kommen, den du dir wünschst. Stell dir die Frage, ob du gut im Team arbeiten kannst. Sei dir bewusst, dass du für manche Menschen ein Ziel sein kannst. Und natürlich: Überleg dir, ob dir die Aufgaben eines Polizisten bzw. einer Polizistin Spaß machen würden.

Was war bisher dein spannendster oder aufregendster Einsatz?

Ein junges Mädchen wollte sich von einer Brücke stürzen. Ich habe die Gesprächsführung übernommen. Nach einiger Zeit konnte sie über das Geländer gezogen und wohlbehalten ins Krankenhaus transportiert werden.

Janina (Mordkommission)

In welchem Bereich arbeitest du genau?

Ich arbeite beim K 11 (Mordkommission) in einem Polizeipräsidium in Hessen.

Wie sieht dein Berufsalltag aus?

In der Regel komme ich morgens gegen 7:30 Uhr in mein Büro und bearbeite die aktuellen Delikte oder Leichensachen. Leichensachen in der Nacht werden bei ungeklärter oder nichtnatürlicher Todesart von unserem Kriminaldauerdienst aufgenommen und von uns weiterbearbeitet, tagsüber übernehmen wir sie selbst. Wir fahren dann zum Sterbeort der Verstorbenen und führen eine polizeiliche Leichenbesichtigung durch. Die weiteren Ermittlungen stützen sich dann darauf zu überprüfen, ob es ein fremdverschuldeter Tod war oder nicht.

Alle vier Wochen habe ich eine Woche Bereitschaftsdienst. Zusätzlich zu meiner normalen Arbeitszeit bin ich dann noch in meiner Freizeit erreichbar. Bei einem (versuchten) Tötungsdelikt werde ich dann mit meinen Kollegen alarmiert.

Wie bist du auf die Idee gekommen, Polizist zu werden? Was hat dich am Polizeiberuf gereizt?

Auch wenn mein Arbeitsalltag natürlich nicht so aussieht wie im Fernsehen, haben mich Krimis und Dokumentationen über Verbrechen schon als Jugendliche begeistert. Daher kam mir die Idee, zur Kriminalpolizei zu gehen und bei der Aufklärung echter Verbrechen mitzuwirken. So kam ich dann schließlich auch zum K 11.

Was ist für dich das Tolle am Polizeiberuf – und was ist eher ein Nachteil?

Das Tolle ist das Gefühl, dass man mit seiner Arbeit einen wichtigen Beitrag für die Gesellschaft leistet. Besonders die Arbeit im Team macht mir sehr viel Spaß. Der Nachteil ist, dass man teilweise sehr viel Zeit für die Arbeit aufbringen muss und auch mal zu ungünstigen Zeiten arbeitet.

Wie waren die ersten Tage und Wochen im Beruf für dich?

Sehr aufregend, auch wenn das frühe Aufstehen schnell etwas lästig wurde.

Wie hat dir die Ausbildung gefallen? Welche Fächer waren besonders schwer?

Insgesamt hat mir die Ausbildung bzw. mein Studium gut gefallen. Am schwersten fand ich die rechtlichen Fächer, da man sehr viel in kurzer Zeit lernen musste.

Welche Situation im Berufsalltag war für dich bisher am schlimmsten oder gefährlichsten?

Bei uns kommt es immer wieder vor, dass man mit Tötungsdelikten zu tun hat, die einen auf irgendeine Weise persönlich treffen: zum Beispiel im häuslichen Umfeld, wenn Kinder mit im Spiel sind, wenn die verstorbene Person im gleichen Alter ist wie man selbst, oder wenn das Motiv besonders verachtenswert ist.

Würdest du dich heute wieder für den Polizeiberuf entscheiden?

Einerseits würde ich gerne einen Beruf haben, in dem ich flexibler bin und für weniger Arbeit mehr Geld verdienen würde. Andererseits fällt mir kein Beruf ein, den ich lieber machen würde als meinen. Darum würde ich mich wahrscheinlich wieder für den Polizeiberuf entscheiden.

Welche Tipps hast du für jemanden, der/die auch Polizist/in werden möchte? Was sollte man auf jeden Fall mitbringen?

Man sollte auf jeden Fall den Polizeiberuf und die damit einhergehende Verantwortung nicht unterschätzen und sich ausreichend informieren. Soweit ich weiß, bieten viele Polizeipräsidien Jahrespraktika oder Schulpraktika an. Vielleicht ist das für den ein oder anderen eine gute Möglichkeit, bei der Polizei vorher mal reinzuschnuppern.

Was war bisher dein spannendster oder aufregendster Einsatz?

Generell finde ich alle Einsätze am Tatort spannend, da man nie weiß, wohin die weiteren Ermittlungen führen werden.

Jenni (Bereitschaftspolizei)

In welchem Bereich arbeitest du genau?

Ich bin in der Bereitschaftspolizei in Hamburg.

Wie sieht dein Berufsalltag aus?

Sehr abwechslungsreich. Demos, Fußball, Unterstützung der Wachen auf dem Funkstreifenwagen ...

Wie bist du auf die Idee gekommen, Polizistin zu werden? Was hat dich am Polizeiberuf gereizt?

Die Sicherheit. Auch wenn der Beruf an sich nicht so sicher ist, ist man vor allem nach der Verbeamtung auf Lebenszeit nie im Risiko, seinen Job zum Beispiel in einer Wirtschaftskrise oder Rezession zu verlieren.

Was ist für dich das Tolle am Polizeiberuf – und was ist eher ein Nachteil?

Pro: Man erlebt immer wieder etwas Neues und man hat eine ganz andere Dynamik mit den Kollegen, als man es eventuell in einem Büro bei der Bank hätte.

Kontra: Die unregelmäßigen Arbeitszeiten – und dass man oft an Feiern nicht teilnehmen kann, weil die Arbeit dazwischenkommt.

Wie waren die ersten Tage und Wochen im Beruf für dich?

Spannend und zum Teil kurzzeitig auch ein wenig überfordernd. Es prasseln viele Infos in kurzer Zeit auf einen ein.

Wie hat dir die Ausbildung gefallen? Welche Fächer waren besonders schwer?

Die Ausbildung ist sehr praxisorientiert – zum Glück. Vor allem in den Rechtsfächern muss man anfangs viel auswendig lernen. Da musste ich viel pauken.

Welche Situation im Berufsalltag war für dich bisher am schlimmsten oder gefährlichsten?

Bisher ist mir noch nichts passiert, was ich besonders schlimm fand. Am gefährlichsten war wohl eine Auseinandersetzung mit Fußballfans, die uns umringt hatten. Das ist zum Glück glimpflich ausgegangen.

Welcher Aspekt am Polizeiberuf hat dich am meisten überrascht, weil du damit vorher nicht gerechnet hast?

Am meisten überrascht hat mich, dass die Unterschiede zwischen den Bundesländern so groß sind. Von der Ausstattung bis hin zu den einzelnen Aufgaben – in einer vergleichbaren Einheit kann die Arbeit in einem anderen Bundesland ziemlich verschieden sein.

Würdest du dich heute wieder für den Polizeiberuf entscheiden?

Wahrscheinlich schon. Auch wenn die Wertschätzung gefühlt immer mehr abnimmt, ist das Polizistinsein für mich immer noch sehr erfüllend.

Welche Tipps hast du für jemanden, der/die auch Polizist/in werden möchte? Was sollte man auf jeden Fall mitbringen?

Die Disziplin, das Nötige zu tun. Lern die wichtigen Sachen, geh laufen. Wenn man wegen einer verpatzten Laufabnahme durchfällt, ist das schon etwas peinlich, weil es normalerweise einfach zu verhindern gewesen wäre.

Was war bisher dein spannendster oder aufregendster Einsatz?

Die erste Wohnungsbetretung bei Razzien. Man weiß nie, was passiert und wer hinter der Tür auf einen wartet.

Jonas (Streifendienst)

In welchem Bereich arbeitest du genau?

Bei der baden-württembergischen Schutzpolizei im Streifendienst, gelegentlich als Ausbildungsbotschafter auf den Berufsberatungsmessen.

Wie sieht dein Berufsalltag aus?

Schichtdienst, also nach dem Schichtsystem gegliederte Arbeitszeiten im Spät-, Früh- und Nachtdienst. Dann zweieinhalb Tage frei – außer es steht ein Zusatzdienst an.

Wie bist du auf die Idee gekommen, Polizist zu werden? Was hat dich am Polizeiberuf gereizt?

Die Neugier am Polizeiberuf kam bei mir im Kindergarten auf. Damals besuchte uns die Polizei mit einem Polizeimotorrad und einer damals sehr modernen Radarfalle. Wir durften dann auf das Motorrad und erhielten ein „Blitzer"-Bild.

Gelernt habe ich eigentlich etwas ganz anderes. Nach meinem Schulabschluss mit der mittleren Reife wollte ich zunächst weiter zum Abitur. Das war mir allerdings bald zu theoretisch und so habe ich die Schule nach dem Fachabitur verlassen und eine Lehre zum Automobilkaufmann begonnen. Im Berufsleben angekommen merkte ich schnell, dass das Verkaufen zwar schön ist, aber mir Aspekte wie Hilfsbereitschaft und Einsatz für die Demokratie fehlen. Darum habe ich mich parallel zum Berufsalltag als Automobilkaufmann bei der Polizei beworben. Jetzt, ein paar Jahre später, stehe ich hier und könnte mir nichts Besseres vorstellen.

Was ist für dich das Tolle am Polizeiberuf – und was ist eher ein Nachteil?

Ein großer Vorteil am Polizeiberuf ist das kollegiale Miteinander, das findet man in wenigen Berufen so wie bei der Polizei. Es ist eben nicht nur ein Beruf, sondern auch eine Berufung. Der Job hört nicht mit Ende des Dienstes auf, er ist teilweise sogar eine Lebenseinstellung, die man auch in seinem privaten Umfeld vertritt.

Wie waren die ersten Tage und Wochen im Beruf für dich?

Die ersten Tage und Wochen zählen zu den schönsten und auch bewegendsten Phasen in meinem beruflichen Werdegang. Ich erinnere mich sehr genau daran, als mich meine Eltern das erste Mal in Uniform sahen und merkten, wie viel mir das bedeutet. Im selben Moment habe ich realisiert, wie viel es meinen Eltern bedeutet und wie stolz sie auf ihren Sohn sind.

Wie hat dir die Ausbildung gefallen? Welche Fächer waren besonders schwer?

Besonders gut hat mir das einjährige Praktikum auf einer Dienststelle gefallen. Die größten Schwierigkeiten hatte ich in Fächern, die mit viel Auswendiglernen verbunden waren. Bis heute erschließt sich mir nicht ganz, weshalb es Noten darauf gibt, wie gut sich ein Anwärter oder eine Anwärterin etwas in die in „Birne" klopfen kann.

Welche Situation im Berufsalltag war für dich bisher am schlimmsten oder gefährlichsten?

Es kommt natürlich ganz auf den Verwendungsbereich an. Brenzlig waren immer die Situationen, in denen Alkohol, Drogen oder psychische Ausnahmezustände eine größere Rolle gespielt haben. Allerdings muss ich auch hier sagen, dass man sich dabei zu 100 % auf die Ausbildung verlassen kann. Dank des praxisnah orientierten Unterrichts konnte man in jeder Situation auf der Straße nahezu ideal reagieren.

Welcher Aspekt am Polizeiberuf hat dich am meisten überrascht, weil du damit vorher nicht gerechnet hast?

In unserem Alltag achten wir doch alle ganz besonders auf Menschen in Uniform. Aber erst, wenn man selbst eine Uniform trägt, stellt man fest, wie sehr andere Menschen darauf achten, wie man in gewissen Situationen handelt, oder sie erwarten dann auch ein bestimmtes Verhalten. Das hat mich nicht wirklich überrascht, sondern mehr darin bestätigt, diesen Beruf hundertprozentig im Interesse der Bevölkerung auszuüben.

Würdest du dich heute wieder für den Polizeiberuf entscheiden?

Der Polizeiberuf ist kein gewöhnlicher Beruf. Er ist fordernd und stellt uns immer wieder vor neue Herausforderungen. Natürlich gibt es auch viele andere interessante Berufe, die Aufmerksamkeit von jungen Leuten verdienen. Für mich gibt es nichts anderes als den Polizeiberuf.

Welche Tipps hast du für jemanden, der/die auch Polizist/in werden möchte? Was sollte man auf jeden Fall mitbringen?

Wenn man besonnen reagieren kann, ohne groß überlegen zu müssen, und dann noch richtig handeln kann – dann ist man perfekt geeignet, um in den Polizeiberuf einzutauchen. Beim Einstellungstest sollte man sich nicht verstellen, denn die eigene Einstellung und das eigene Ich ist doch die stärkste Wirkung, die man auf andere Menschen haben kann.

Was war bisher dein spannendster oder aufregendster Einsatz?

Es gibt einige spannende Einsätze, von denen ich hier berichten könnte. Ein Einsatz ist mir besonders im Gedächtnis geblieben. Es war ein warmer Dienstagnachmittag in einer Fußgängerzone. Mit meiner Kollegin zusammen befand ich mich auf Fußstreife, um das Sicherheitsgefühl in der Bevölkerung zu erhöhen. Plötzlich hörte ich eine Frau schreien. Ruckartig drehte ich mich um und sah, wie nicht weit von uns eine männliche Person mit der Handtasche der Frau verschwand. Ohne lange zu überlegen, nahmen wir direkt die Verfolgung auf und konnten die Person in einer Querstraße stellen. Die Dame war natürlich überglücklich, ihre Handtasche samt Inhalt zurückzuerhalten. Und darüber hinaus konnten wir auch noch die Beute eines vorherigen Diebstahls sichern und einer dreifachen Mutter ihre frisch von der Bank abgehobenen Ersparnisse zurückbringen.

Aus diesem Einsatz resultierte für uns überwältigende Dankbarkeit. Und wieder einmal das Gefühl, den richtigen Beruf gewählt zu haben und für seine Mitmenschen eingestanden zu haben.

Kolle (Kontroll- und Streifendienst)

In welchem Bereich arbeitest du genau?

Ich werde in der Bundespolizeidirektion Koblenz im Bahnbereich eingesetzt. Dort bin ich als Schutzpolizist im Kontroll- und Streifendienst tätig.

Wie sieht dein Berufsalltag aus?

In präventiver, also vorbeugender Hinsicht zählt beispielsweise der Schutz der Bahnreisenden und die Sicherung des Bahngeländes zu meinen Aufgaben. Ebenfalls zu meinem beruflichen Alltag gehört die Verfolgung strafbarer Handlungen.

Wie bist du auf die Idee gekommen, Polizist zu werden? Was hat dich am Polizeiberuf gereizt?

Ich habe eine sehr hilfsbereite und soziale Art und treibe leistungsmäßig Sport. In dem Beruf des Polizisten habe ich viele Punkte gesehen, die sich mit meinen charakterlichen und körperlichen Eigenschaften decken. Abgesehen davon waren Pilot und Polizist schon seit meiner Kindheit Traumberufe für mich. Von meinen sieben Geschwistern arbeiten sechs ebenfalls bei der Polizei, da gibt es also auch eine familiäre Prägung. Alles in allem ist das Polizistsein für mich eine Berufung, die ich mit dem Herzen und voller Überzeugung ausübe.

Am meisten gereizt hat mich die Abwechslung. Der Gedanke, andere Menschen und unsere Verfassung zu schützen, macht mich stolz.

Was ist für dich das Tolle am Polizeiberuf – und was ist eher ein Nachteil?

Das Tolle am Beruf des Polizeivollzugsbeamten ist die Abwechslung, es wird nie langweilig. Täglich gibt es neue Aufgaben. Die Möglichkeit, in verschiedenen Tätigkeitsbereichen eingesetzt zu werden, stellt ebenfalls einen Vorteil dar.

Natürlich ist nicht alles Gold, was glänzt. Der Schichtdienst ist eine enorme Belastung für den Körper. Die tägliche psychische Belastung spielt ebenfalls eine große Rolle. Wir setzten unsere Gesundheit aufs Spiel, um andere Menschen zu schützen. Leider vergessen die Menschen manchmal, dass in jeder Uniform ein Mensch steckt.

Wie waren die ersten Tage und Wochen im Beruf für dich?

Die ersten Tage als Polizeivollzugsbeamter waren sehr aufregend. Ich wurde während der Ausbildung sehr gut auf die Situationen im Berufsalltag vorbereitet, aber Praxis und Theorie sind doch sehr unterschiedlich. Dazu kommt der Gedanke, dass es keine Simulation mehr ist und es keinen Reset-Knopf gibt. Die folgenden Wochen und die damit einhergehenden Einsätze haben einem Sicherheit gegeben. Hier hat sich auch gezeigt, warum die Eigensicherung in der Ausbildung so wichtig war.

Wie hat dir die Ausbildung gefallen? Welche Fächer waren besonders schwer?

Die Ausbildung war insgesamt sehr gut, es war sehr professionell und hochwertig. Natürlich gibt es wie in allen Berufen Verbesserungsmöglichkeiten, zum Beispiel in der Planung der Tagesabläufe.

Für mich war Einsatz- und Verkehrsrecht ein schwieriges Fach, und vor allem im Schwerpunkt Ausländerrecht ist die Gesetzeslage sehr komplex. Es gibt unzählige Ausnahmen, die man bei jeder Prüfung und Würdigung berücksichtigen musste.

Welche Situation im Berufsalltag war für dich bisher am schlimmsten oder gefährlichsten?

Einer der gefährlichsten Einsätze war für mich, als wir zu einem Wohnungseinbruch gerufen wurden. Der Täter war bei unserem Eintreffen noch vor Ort und hat sich gegen die Festnahme gewehrt, durch Angriffe gegen mich und meine Kollegen. Dabei wurden wir auch bespuckt und beleidigt. Für mich waren nicht nur die körperlichen Angriffe die größte Gefahr, sondern auch die Spuckattacken. Es klingt auf dem Papier relativ harmlos, aber es bleibt immer die Ungewissheit, ob jemand eine ansteckende Krankheit haben könnte. Das belastet einen zusätzlich.

Letztlich muss man trotz dieser Gefahren funktionieren und hat oftmals erst nach den Einsätzen die Zeit, das Geschehene zu verarbeiten.

Welcher Aspekt am Polizeiberuf hat dich am meisten überrascht, weil du damit vorher nicht gerechnet hast?

Am meisten war ich über die internen Abläufe verwundert. Die Prozesse, die vor und nach Einsätzen ablaufen.

Würdest du dich heute wieder für den Polizeiberuf entscheiden?

Hätte ich die freie Berufswahl, würde ich mich für den Beruf Pilot entscheiden. Natürlich bleibt der Beruf Polizeivollzugsbeamter ebenfalls ein Favorit.

Welche Tipps hast du für jemanden, der/die auch Polizist/in werden möchte? Was sollte man auf jeden Fall mitbringen?

Neben der charakterlichen Eignung sollte eine gesunde Grundfitness vorliegen. Eine große Rolle spielt auch das kollegiale Verhalten. Für eine Karriere bei der Bundespolizei sollte man auch zeitlich und örtlich flexibel sein.

Was war bisher dein spannendster oder aufregendster Einsatz?

Mein spannendster Einsatz war eine Geiselnahme, die wir gemeinsam mit dem SEK der Landespolizei Hessen erfolgreich bewältigt haben.

Lars (Einsatz- und Streifendienst)

In welchem Bereich arbeitest du genau?

Ich bin im Einsatz- und Streifendienst einer niedersächsischen Polizeidirektion tätig.

Wie sieht dein Berufsalltag aus?

Mein Berufsalltag ist sehr facettenreich. Ich weiß im Grunde nie, was mich genau erwartet. Wenn ich zum Dienst komme, mache ich mich „streifenfertig" und arbeite dann die eingehenden Notrufe ab.

Wie bist du auf die Idee gekommen, Polizist zu werden? Was hat dich am Polizeiberuf gereizt?

Bei einer Berufsmesse in Hannover war die Polizei mit einem Stand vertreten. In einem ersten Gespräch merkte ich schnell, dass es mich reizt, einen abwechslungsreichen Berufsalltag zu haben und Menschen helfen zu können.

Was ist für dich das Tolle am Polizeiberuf – und was ist eher ein Nachteil?

Das Tolle am Polizeiberuf ist, dass wir eine vielfältige Organisation sind, in der es fast jedes Aufgabenfeld gibt. Gerade im Einsatz- und Streifendienstes ist es immer wieder ein tolles Gefühl, Menschen zu helfen und Dankbarkeit wahrzunehmen. Natürlich gibt es auch Nachteile. Einsatzbelastende Situationen, Situationen, die man sonst nicht erlebt oder traurige Schicksale gehören zum Berufsalltag dazu. Die positiven Momente überwiegen aber dennoch.

Wie waren die ersten Tage und Wochen im Beruf für dich?

Ein tolles Gefühl, endlich im Berufsleben angekommen zu sein.

Wie hat dir die Ausbildung gefallen? Welche Fächer waren besonders schwer?

Mein dreijähriges Studium bei der Polizeiakademie Niedersachen verging wie im Fluge. Es war ein neuer Abschnitt im Leben auf dem Weg in die Berufswelt. Der Weg war nicht immer einfach. Gerade die Fächer rund ums Recht sind für „Neulinge“ nicht immer einfach.

Welche Situation im Berufsalltag war für dich bisher am schlimmsten oder gefährlichsten?

Es gab einen Einsatz mit einem reanimationspflichtigen Säugling, wo wir als Besatzung eines Funkstreifenwagens vor dem Rettungswagen eingetroffen sind und die ersten Maßnahmen treffen mussten. Der Einsatz war für mich sehr prägend.

Würdest du dich heute wieder für den Polizeiberuf entscheiden?

Ja, auf jeden Fall! Die Berufswahl war für mich die beste Entscheidung. Ich gehe gern zur Arbeit und schätze die Gemeinschaft unter den Kolleginnen und Kollegen.

Welche Tipps hast du für jemanden, der/die auch Polizist/in werden möchte? Was sollte man auf jeden Fall mitbringen?

Auf jeden Fall sollte man Teamfähigkeit und Durchsetzungsvermögen mitbringen.

Was war bisher dein spannendster oder aufregendster Einsatz?

Einer meiner aufregendsten Einsätze war 2015, als ein Länderspiel der Fußball-Nationalmannschaft kurz vor Beginn wegen einer Bombendrohung abgesagt werden musste.

Momme (Streifendienst)

In welchem Bereich arbeitest du genau?

Ich arbeite bei der Schutzpolizei in Schleswig-Holstein.

Wie sieht dein Berufsalltag aus?

Ich fahre Streife, mit einem weiteren Kollegen in einem Streifenwagen. Wir bekommen dort Einsätze wie Verkehrsunfälle, Körperverletzungen oder Ähnliches.

Wie bist du auf die Idee gekommen, Polizist zu werden? Was hat dich am Polizeiberuf gereizt?

Irgendwann in meiner Kindheit konnte ich mich für den Beruf begeistern. Nachdem ich dann ein Praktikum auf einer Polizeidienststelle gemacht habe, war für mich klar: Ich will zur Polizei.

Was ist für dich das Tolle am Polizeiberuf?

Jeder Tag ist anders. Man fährt zur Arbeit und weiß nicht, was passieren wird. Außerdem hat man ganz viele tolle Kollegen, die die Arbeit nicht zur Arbeit, sondern eher zur Freizeit machen.

Wie waren die ersten Tage und Wochen im Beruf für dich?

Sehr aufregend. Es gab so unfassbar viel Neues zu entdecken. Jeder Einsatz war aufregend, selbst der kleinste Verkehrsunfall.

Wie hat dir die Ausbildung gefallen? Welche Fächer waren besonders schwer?

Am besten hat mir im Studium die praktische Ausbildung gefallen. Schießen, Einsatztraining oder Einsatzlagen üben hat viel Spaß gemacht. Am schwersten war am Anfang das Verstehen der Gesetze. Wir mussten erst einmal lernen, wie sie aufgebaut sind und was sie bedeuten. Besonders herausfordernd war das Strafrecht.

Welche Situation im Berufsalltag war für dich bisher am schlimmsten oder gefährlichsten?

Zum Glück hatte ich noch keine Einsätze, in denen ich einer großen Gefahr ausgesetzt war. Einmal musste ich eine Person wiederbeleben, die zuvor von einem Bullen umgerannt worden war. Der Bulle stand noch in der Nähe. Darüber macht man sich aber in dem Moment keine Gedanken und denkt nur daran, dass man eventuell ein Menschenleben retten kann.

Welcher Aspekt am Polizeiberuf hat dich am meisten überrascht, weil du damit vorher nicht gerechnet hast?

Ich bin sehr behütet aufgewachsen und kannte Straftaten nur aus dem Fernsehen. Deswegen war ich am Anfang sehr überrascht von der Unfreundlichkeit und Respektlosigkeit einiger weniger Bürger.

Würdest du dich heute wieder für den Polizeiberuf entscheiden?

Immer wieder!!!

Welche Tipps hast du für jemanden, der/die auch Polizist/in werden möchte? Was sollte man auf jeden Fall mitbringen?

Man braucht ganz viel Empathie und ein gutes Kommunikationsvermögen.

Was war bisher dein spannendster oder aufregendster Einsatz?

Es gibt immer viele aufregende Einsätze. An einen Einsatz kann ich mich erinnern, wo eine Person das Fahrrad eines Bekannten im Internet wiedererkannt hat. Bei dem fingierten Verkauf standen wir in der Nähe und haben dann den Zugriff gemacht. Ich war in dem Moment sehr aufgeregt, weil ich mir absolut nicht sicher war, ob wir den Täter fassen und er uns vielleicht schon vorher erkennt.

Samira (Staatsschutz)

In welchem Bereich arbeitest du genau?

Ich bin Angehörige der Kriminalinspektion Staatsschutz einer Großbehörde in Nordrhein-Westfalen. Dort bin ich für politisch motivierte Straftaten und Versammlungen zuständig.

Wie sieht dein Berufsalltag aus?

Als Kriminalbeamtin besteht der Großteil meiner Tätigkeit aus Büroarbeit von Montag bis Freitag. Ich bearbeite Straftaten, die durch die Kollegen des Wach- und Wechseldienstes aufgenommen wurden. Als Sachbearbeiterin benötige ich dann kriminalistische Denkweisen und Fingerspitzengefühl, um sämtliche Beweise zusammenzuführen und Täter zu ermitteln. Hierzu führe ich regelmäßig Vernehmungen durch, recherchiere, halte Rücksprache mit Kollegen, schaue mir Tatorte vor Ort an oder beziehe andere Behörden zur weiteren Informationsgewinnung mit ein. Letztlich verschriftliche ich meine Informationen und Erkenntnisse und leite sie an die Staatsanwaltschaft weiter.

Wie bist du auf die Idee gekommen, Polizistin zu werden? Was hat dich am Polizeiberuf gereizt?

Am Polizeiberuf hat mich neben der Arbeit mit und für die Bevölkerung insbesondere die Vielfalt der verschiedenen Möglichkeiten begeistert. Als Polizistin hat man den Vorteil, sich ausprobieren, verschiedene Bereiche kennenlernen und neue Reize setzen zu können. So war ich zunächst im Streifendienst und bin dann zur Kriminalpolizei gewechselt.

Was ist für dich das Tolle am Polizeiberuf – und was ist eher ein Nachteil?

Ein großer Vorteil des Polizeiberufs ist die Gemeinschaft, die man in nahezu allen Bereichen erlebt und spürt. Es besteht zumeist eine angenehme Harmonie, was den Arbeitsalltag deutlich erleichtert. Ein Nachteil ist, dass man oftmals zu Zeiten arbeiten muss, an denen andere frei haben, insbesondere am Wochenende oder nachts.

Wie waren die ersten Tage und Wochen im Beruf für dich?

Aufregend. Es werden viele neue Eindrücke gewonnen und man gerät ständig in Situationen, die man so vorher nie erlebt hat.

Wie hat dir die Ausbildung gefallen? Welche Fächer waren besonders schwer?

Die Ausbildung habe ich als abwechslungs- und lehrreich empfunden. Das Studium, der praktische Teil beim LAFP und die direkte Berufserfahrung in Form eines Praktikums waren für mich eine gute Kombination, um den Polizeiberuf verstehen und erlernen zu können. Als schwer kann man im Allgemeinen die Rechtsfächer bezeichnen.

Welche Situation im Berufsalltag war für dich bisher am schlimmsten oder gefährlichsten?

In meiner jetzigen Tätigkeit bei der Kriminalpolizei habe ich bislang keine gefährliche Situation erlebt. Durchsuchungen in Wohnungen oder auch Konfrontationen mit Beweisen können jedoch beim Gegenüber zu Aggressionen führen. Schlimm kann es sein, wenn man Geschädigte vernimmt, die sich hilflos fühlen, und man Mitleid bekommt. Aber auch hier sehe ich eher das Positive, denn man kann dieser Person als Polizistin helfen.

Würdest du dich heute wieder für den Polizeiberuf entscheiden?

Da ich in meiner aktuellen Situation zufrieden bin, meinen Arbeitsbereich mag und gleichzeitig Perspektiven für die Zukunft sehe, würde ich sagen, dass ich mich wieder für den Polizeiberuf entscheiden würde.

Welche Tipps hast du für jemanden, der/die auch Polizist/in werden möchte? Was sollte man auf jeden Fall mitbringen?

Als Polizist/in ist ein selbstsicheres Auftreten besonders wichtig. Man gerät in Situationen in denen man leiten und funktionieren muss. Es gibt Menschen, die in verschiedenen Situationen auf einen zählen – dem sollte man gerecht werden.

Was war bisher dein spannendster oder aufregendster Einsatz?

Aufgrund einer Geheimhaltungsvereinbarung darf ich hier keine Angaben zu vergangenen Einsätzen machen. Ich kann aber bestätigen, dass einige spannende und aufregende Fälle dabei waren.

Anhang

Lexikon

Die Polizei nutzt unzählige interne Ausdrücke und Abkürzungen. Hier findest du einen Überblick der grundlegenden Begriffe in diesem Buch.

Abordnung: vorübergehende Übernahme eines anderen Dienstpostens.

Beihilfe: anteilige Übernahme der Gesundheitskosten im Krankheitsfall durch den Dienstherrn, oft verbunden mit einer privaten Krankenversicherung auf eigene Kosten, nicht von jedem Dienstherrn angeboten → siehe S. 127 ff.

Bereitschaftspolizei: umgangssprachlich „Bepo", Organisationseinheit der 16 Landespolizeien und der Bundespolizei, eingesetzt in größeren Gruppen (Einheiten) → siehe S. 40 ff.

Berufsunfähigkeit: vollständige Verhinderung einer Arbeitsaufnahme, nicht gleichbedeutend mit „Dienstunfähigkeit" → Berufsunfähigkeitsversicherung siehe S. 133 ff.

Besoldung: Alimentierung bzw. „Gehalt" der Beamten → siehe S. 49 (Alimentationsprinzip), S. 109 ff. (Polizeibesoldung).

BKA: Bundeskriminalamt (die Kriminalpolizei des Bundes), größte Dienstorte in Berlin, Wiesbaden und Meckenheim (Bonn) → siehe S. 31.

BPOL, BPol: Bundespolizei (nicht gebräuchliche Abkürzung: BuPol) → siehe S. 30 f.

Dienstunfähigkeit: Unmöglichkeit der Ausübung des Polizeiberufs aufgrund einer erheblichen gesundheitlichen Einschränkung gemäß PDV 300 (polizeidienstuntauglich / „pdu") bzw. polizeiärztlicher Diagnose zum Ende des Bewerbungsverfahrens → siehe S. 88 ff. (PDV 300, polizeiärztliche Untersuchung), S. 133 ff. (Dienstunfähigkeitsversicherung).

Dienstweg: einzuhaltende Hierarchie mit geregelten Abläufen und vorgesehenen Zuständigkeiten bei der Handhabung von Anträgen oder internen Formularen.

Disziplinarrecht: beamtenspezifisches Rechtsgebiet zur Maßregelung bei Pflichtverstößen → siehe S. 55 ff.

Eignungsauswahlverfahren (EAV): Auswahlverfahren im Rahmen der Bewerbung für den Polizeiberuf → siehe S. 82 ff.

Erfahrungsstufen: an Dienstjahren orientierte Erhöhungsschritte der Besoldung → siehe S. 110 f.

Erkennungsdienstliche Behandlung (ED-Behandlung): Vermessung des Körpers, Erstellung von Fotos (Lichtbildern) und Abnahme von Fingerabdrücken einer (im Strafverfahren beschuldigten) Person.

Ermittlungsdienst: Bearbeitung von Strafanzeigen durch die Schutz- oder Kriminalpolizei, meist im Tagdienst → siehe S. 39 f.

Freiheitlich Demokratische Grundordnung (fdGO): Teil der staatlichen Gesamtordnung im Sinne des Grundgesetzes, Identifikation mit den Grundrechten und dem demokratischen Staatssystem → siehe S. 77 ff.

Führungs- und Einsatzmittel (FEM): im Dienst benötigte Gegenstände (u. a. Dienstwaffe, Funkgerät, Schutzweste …).

Heilfürsorge: fast vollständige Übernahme der Gesundheitskosten im Krankheitsfall (nicht bei jedem Dienstherrn vorhanden) → siehe S. 127 ff.

Hospitation: internes Praktikum mit dem Ziel des Stellenwechsels.

Kriminalpolizei: Organisationseinheit der 16 Bundesländer mit den Schwerpunkten Ermittlungen und Bearbeitung von Verbrechenstatbeständen (Kriminalpolizei des Bundes ist das BKA) → siehe S. 31 (BKA), S. 35 f. (Unterschied von Kriminal- und Schutzpolizei), S. 39 f. (Ermittlungsdienst / Kriminalpolizei), S. 154 (Wechsel von Schutz- zu Kriminalpolizei).

LaPo: Landespolizei in den 16 Bundesländern → siehe S. 30.

Legalitätsprinzip: polizeiliche Pflicht zur Verfolgung von Straftaten (Strafverfolgungspflicht gem. § 163 StPO) → siehe S. 25.

LKA: Landeskriminalamt, zentrale kriminalpolizeiliche Dienststelle in den 16 Bundesländern.

Opportunitätsprinzip: Ermessensentscheidung, ob die Polizei bei Ordnungswidrigkeiten einschreitet → siehe S. 25.

PDV: für alle deutschen Polizeien gültige Polizeidienstvorschriften → PDV 300 siehe S. 88 ff.

Pension: „Rente der Beamten", eigenständiges Versorgungsmodell im Ruhestand → siehe S. 63 ff.

PKV: private Krankenversicherung, ergänzt die Beihilfe → siehe S. 127 ff.

Schutzpolizei: größte Organisationseinheit der Polizeien (Ausnahme BKA) mit den wichtigsten Aufgabengebieten Streifendienst und Bereitschaftspolizei → siehe S. 35 f. (Unterschied von Schutz- und Kriminalpolizei), S. 154 (Wechsel von Schutz- zu Kriminalpolizei).

Tagdienst / Tagesdienst: Dienst zu regelmäßigen Zeiten an Werktagen.

Verhältnismäßigkeit: Eine polizeiliche Maßnahme muss geeignet, erforderlich und angemessen sein, das heißt zweckdienlich sein und in einem vertretbaren Verhältnis zum Ausmaß des Grundrechtseingriffs stehen.

Vermögenswirksame Leistungen: Zulage des Dienstherrn zum Vermögensaufbau → siehe S. 120 f.

Versetzung: dauerhafte Übernahme eines Dienstpostens in einer anderen Behörde → siehe S. 157 ff.

Verwaltungsakt: kurz gesagt jede hoheitliche (polizeiliche) Maßnahme, die einen Bürger direkt betrifft; Langfassung für Klausuren siehe § 35 Verwaltungsverfahrensgesetz.

Wasserschutzpolizei (WSP): keine eigenständige Polizei, sondern Organisationseinheit der 16 Landespolizeien; bei der Bundespolizei im Rahmen der Küstenwache.

Zulagen: Erhöhung der monatlichen Besoldung um feste Beträge nach bestimmten Kriterien → siehe S. 113 ff.

Übersicht: Polizeien in Deutschland

	Höchstalter*	Mindest-größe*	Einstellungen	Mittlerer Dienst	Ausbildungsorte
Bundespolizei	mD: 27 (mit Ausbildung 35) gD: 33 (mit Ausbildung + 3 Jahre Berufserfahrung 39)	—	jährlich	Realschulabschl.; Mittlere Reife; Hauptschulabschl. + 2 Jahre Berufsausbildg.	Bad Endorf, Bamberg, Dietz, Eschwege, Neustrelitz, Oerlenbach, Swisttal, Walsrode, Bad Endorf + Kienbaum (Sport)
BKA	gD: 42	—	jährlich	—	—
Polizei beim Deutschen Bundestag	mD: 27	—	jährlich	Realschulabschl.; Mittlere Reife; Hauptschulabschl. + 2 Jahre Berufsausbildg.	Neustrelitz
Baden-Württemberg	mD: 32 gD: 33	160 cm	mD: 2x jährlich gD: jährlich	Mittlere Reife (Note min. 3,2)	Biberach a. d. Riss, Bruchsal, Herrenberg, Lahr, Wertheim
Bayern	mD + gD: 30	160 cm	2x jährlich	Realschulabschl.; Mittlere Reife; Hauptschulabschl. + Berufsausbildg.	Dachau, Eichstädt, Königsbrunn, Nabburg, Nürnberg, Sulzbach-Rosenberg, Würzburg, Ainring (Sport)
Berlin	mD: 35 (mit Berufserfahrung 39) gD: 35	—	2x jährlich	erweiterte Berufsbildungsreife; Hauptschulabschl. + Berufsausbildg. + 2 Jahre Berufserfahrung	Berlin
Brandenburg	mD + gD: 35	—	jährlich	Fachoberschulreife; Realschulabschl.; Hauptschulabschl. + 3 Jahre Berufsausbildg.	Oranienburg
Bremen	gD: 45	—	2x jährlich	—	—
Hamburg	mD + gD: 34	160 cm	2x jährlich	Realschulabschl.; Mittlere Reife; Hauptschulabschl. + 2 Jahre Berufsausbildg.	Hamburg

Gehobener Dienst	Studienorte	Besonderheiten	Gesundheit	Webseite
(Fach-)Hochschulreife	Lübeck	Sportfördergruppe	Heilfürsorge	komm-zur-bundespolizei.de
(Fach-)Hochschulreife	Brühl/Wiesbaden + weitere	Mit Bachelorabschl. Verkürzung auf 2 Jahre möglich	Beihilfe	karriere.bka.de
—	—	Ausbildung bei Bundespolizei	Heilfürsorge	bundestag.de/services/stellenangebote/ausbildung/polizei-bewerberkampagne-tea-567178
(Fach-)Hochschulreife (Note min. 3,0)	Villingen-Schwenningen	gD: nach Studium (45 Monate!) direkter Einstieg in A 10 (POK/POK'in), gD: Direkteinstieg Kriminalpolizei, Studiengang „IT-Ermittlungen"	Heilfürsorge	karriere-polizei-bw.de
(Fach-)Hochschulreife; Meisterbrief	Fürstenfeldbruck, Kastl, Sulzbach-Rosenberg	Spitzensport	Beihilfe (Anwärter: Heilfürsorge, Bepo: abh. v. Dienstposten Heilfürsorge)	mit-sicherheit-anders.de
(Fach-)Hochschulreife	Berlin	gD: Direkteinstieg Kriminalpolizei, Wachpolizei	Beihilfe (Anwärter im mD: Heilfürsorge)	berlin.de/polizei/beruf
(Fach-)Hochschulreife	Oranienburg	Sportfördergruppe	Heilfürsorge (Wahlrecht zur Beihilfe)	polizei.brandenburg.de/liste/polizeiberuf/73514
(Fach-)Hochschulreife; Mittlerer Abschl. + Berufsausbildg. + 3 Jahre Berufserfahrung	Bremen, Bremerhaven	Direkteinstieg Wasserschutzpolizei, Ortspolizeibehörde Bremerhaven (einzige kommunale Polizei in Deutschland)	Heilfürsorge	polizei.bremen.de/berufseinstieg-40585
(Fach-)Hochschulreife; Meisterbrief; Fachwirt	Hamburg	mD: Einstellung Schutz- oder Wasserschutzpolizei; gD: Einstellung Schutz-, Kriminal- oder Wasserschutzpolizei	Heilfürsorge (Wahlrecht zur Beihilfe); Anwärter: Heilfürsorge	karriere-polizei.hamburg.de

	Höchstalter*	Mindest-größe*	Einstellungen	Mittlerer Dienst	Ausbildungsorte
Hessen	gD: 36	155 cm	2x jährlich	—	—
Mecklenburg-Vorpommern	mD + gD: 33	—	jährlich	Realschulabschl.; Mittlere Reife; Hauptschulabschl. + Berufsausbildg.	Güstrow
Niedersachsen	gD: 31	163 cm	2x jährlich	—	—
Nordrhein-Westfalen	gD: 36	163 cm	jährlich	—	—
Rheinland-Pfalz	gD: 36	162 cm	2x jährlich	—	—
Saarland	gD: 36	162 cm	jährlich	—	—
Sachsen	mD + gD: 34	160 cm	jährlich	Realschulabschl.; Hauptschulabschl. + Berufsausbildg.	Chemnitz, Leipzig, Schneeberg
Sachsen-Anhalt	mD: 37,5 gD: 37	160 cm	2x jährlich	Realschulabschl.; Hauptschulabschl. + öffentl.-rechtl. Ausbildg.	Aschersleben
Schleswig-Holstein	mD: 47 + 5 Mon. gD: 46	160 cm	2x jährlich	Realschulabschl.; Hauptschulabschl. + Berufsausbildg.	Eutin
Thüringen	mD + gD: 34	160 cm	jährlich	Realschulabschl.; Mittlere Reife, Hauptschulabschl. + Berufsausbildg.	Meiningen

*Stand 2024; * Ausnahmen möglich (beim Höchstalter z. B. für Soldaten)*

Gehobener Dienst	Studienorte	Besonderheiten	Gesundheit	Webseite
(Fach-)Hochschulreife; Realschulabschl. + 3 Jahre Berufsausbildg. (Abschlussnote mind. 2,5, Erlangung d. FH-Reife bei d. Polizei); Meisterbrief	Gießen, Kassel, Mühlheim am Main, Wiesbaden	Sportfördergruppe, Direkteinstieg Kriminalpolizei + Cyberkriminalist, Lehrgang Wachpolizei	Beihilfe	karriere.polizei.hessen.de
(Fach-)Hochschulreife	Güstrow	Sportfördergruppe, mD: Ausbildung nur 2 Jahre	Heilfürsorge	www.polizei.mvnet.de/Karriere/Fachbereich Polizei
(Fach-)Hochschulreife; Realschulabschl. + Berufsausbildg.; Realschulabschl. (Erlangung d. FH-Reife bei d. Polizei)	Hann. Münden, Nienburg/Weser, Oldenburg	Spitzensportförderung	Heilfürsorge (Wahlrecht zur Beihilfe)	polizei-studium.de
(Fach-)Hochschulreife; Realschulabschl. + Berufsausbildg. + 3 Jahre Berufserfahrung; Realschulabschl. (Erlangung d. FH-Reife bei d. Polizei; Meisterbrief	Aachen, Bielefeld, Dortmund, Duisburg, Gelsenkirchen, Hagen, Herne, Köln, Münster, Mühlheim a. d. Ruhr	Spitzensportförderung	Heilfürsorge	genau-mein-fall.de
(Fach-)Hochschulreife; Realschulabschl. + Berufsausbildg.; Realschulabschl. (Erlangung d. FH-Reife bei d. Polizei); Meisterbrief	Büchenbeuren (bei Hahn)	Spitzensportförderung, Quereinstieg als IT-Kriminalist möglich	Beihilfe	polizei.rlp.de/de/karriere
(Fach-)Hochschulreife; Realschulabschl. + Berufsausbildg. + 2 Jahre Berufserfahrung; Realschulabschl. (Erlangung d. FH-Reife bei d. Polizei)	Göttelborn	Spitzensportförderung	Beihilfe	saarland.de/polizei/DE/home/home_node.html
(Fach-)Hochschulreife; Meisterbrief; Fachwirt	Bautzen + Rothenburg/O. L.	Spitzensportförderung, Studiengang „Cybercrime" (Kriminalpolizei), Wachpolizei	Heilfürsorge	verdaechtig-gute-jobs.de
(Fach-)Hochschulreife	Aschersleben	Spitzensportförderung	Heilfürsorge	polizei.sachsen-anhalt.de
(Fach-)Hochschulreife; Meisterbrief; Fachwirt	Kiel (in Teilen Eutin)	Direkteinstieg Wasserschutzpolizei (mD + gD) und Kriminalpolizei (gD)	Heilfürsorge (Wahlrecht zur Beihilfe)	schleswig-holstein.de/DE/landesregierung/ministerien-behoerden/POLIZEI/Berufung/berufung_node.html
(Fach-)Hochschulreife	Meiningen	—	Beihilfe (Anwärter: Heilfürsorge)	https://startpolizei.thueringen.de

Übersicht: Dienststellenbezeichnungen

Die deutschen Polizeien sind – bedingt durch den Föderalismus – sehr unterschiedlich aufgebaut. Selbst die rund um die Uhr besetzten Dienststellen des Streifendienstes heißen je nach Bundesland unterschiedlich, sodass sogar erfahrene Polizisten selten wissen, wie die Organisation in anderen Bundesländern aussieht. Hier findest du eine grobe Übersicht mit Blick auf den Streifendienst und die übergeordneten Organisationseinheiten. Generell gilt, dass alle Polizeien den jeweiligen Innenministerien unterstehen (Ausnahme: Bundestagspolizei).

	Übergeordnete Führung	Bedeutende Organisationsebenen	Dienststellen des Streifendienstes
Bundespolizei	Bundespolizeipräsidium (Potsdam)	Direktionen (insg. 11 + Akademie); Inspektionen	Reviere
Bundeskriminalamt	Amtsleitung (Wiesbaden)	Abteilungen; Gruppen / Referate	—
Polizei beim Deutschen Bundestag	Bundestagspräsident	—	Leitstelle / Wache
Baden-Württemberg	Landespolizeipräsidium (Stuttgart)	Regionale Polizeipräsidien; Direktionen	Reviere
Bayern	Landespolizeipräsident im IM (München)	Präsidien + Grenzpolizeidirektion; Inspektionen	Inspektionen
Berlin	Behördenleitung / Präsidium	Landespolizeidirektion; Direktionen	Abschnitte
Brandenburg	Präsidium (Potsdam)	Direktionen; Inspektionen	Reviere
Bremen	Präsidium	Direktionen; Regionale Abteilungen	Reviere
Hamburg	Amt für Polizei / Präsidium	Direktionen; Regionen	Kommissariate

Hessen	Landespolizeipräsidium (Wiesbaden)	Präsidien; Abteilungen / Direktionen	Reviere / Stationen
Mecklenburg-Vorpommern	Inspekteur (Schwerin)	Präsidien; Inspektionen	(Haupt-)Reviere / Stationen
Niedersachsen	Landespolizeipräsidium (Hannover)	Direktionen; Inspektionen	Kommissariate
Nordrhein-Westfalen	Drei Landesoberbehörden	Kreispolizeibehörden (insg. 47); Direktionen / Inspektionen	Wachen
Rheinland-Pfalz	Polizeiabteilung (Mainz)	Polizeipräsidien; Direktionen	Inspektionen
Saarland	Landespolizeipräsidium (Saarbrücken)	Direktionen; Inspektionen	Inspektionen / Reviere
Sachsen	Landespolizeipräsidium (Dresden)	Direktionen	Reviere
Sachsen-Anhalt	Abteilung mit Landespolizeidirektor (Magdeburg)	Inspektionen	Reviere / Revierkommissariate
Schleswig-Holstein	Landespolizeiamt / Abteilung (Kiel)	Direktionen	Reviere / Bezirksreviere
Thüringen	Landespolizeidirektion (Erfurt)	Inspektionen	Reviere

Übersicht: Amtsbezeichnungen, Abzeichen, Besoldungsgruppen

Hier findest du die Amtsbezeichnungen in der jeweiligen Laufbahn mitsamt Dienstabzeichen und Besoldungsgruppe. Die Bezeichnungen gelten analog auch für die Kriminalpolizei (z. B. „Kriminalkommissar", Kürzel „KK"), sind allerdings nicht überall gleich. Je nach Dienstherrn kann es weitere Besonderheiten geben – einige sind unter der Tabelle exemplarisch aufgeführt.

Besoldungsgruppe	Mittlerer Dienst Blaue Dienstabzeichen	Gehobener Dienst Silberne Dienstabzeichen	Höherer Dienst Goldene Dienstabzeichen
Anwärter	Polizeimeisteranwärter/in (PM-A / PM-A'in; Ausbildung) Abzeichen: Litze bzw. 1 Stern (BW + BY)	Polizeikommissaranwärter/in (PK-A / PK-A'in; Studium) Abzeichen: Litze	Polizeiratanwärter/in bzw. Polizeireferendar/in (PR-A / PR-A'in; Masterstudium) Abzeichen: Litze
A 5 (nur Anwärter in BY)	Polizeioberwachtmeister/in (POW / POW'in) Abzeichen: 1 Stern	Polizeioberwachtmeister/in (POW / POW'in) Abzeichen: Litze	
A 7	Polizeimeister/in (PM / PM'in) Abzeichen: 2 Sterne		
A 8	Polizeiobermeister/in (POM / POM'in) Abzeichen: 3 Sterne		
A 9	Polizeihauptmeister/in (PHM / PHM'in) Abzeichen: 4 Sterne	Polizeikommissar/in (PK / PK'in) Abzeichen: 1 Stern	
A 9 mit Zulage	Polizeihauptmeister/in (PHM / PHM'in) mit Amtszulage Abzeichen: 4/5 Sterne		
A 10	Erste/r Polizeihauptmeister/in (EPHM / EPHM'in; nur in BW) Abzeichen: 5 Sterne	Polizeioberkommissar/in (POK / POK'in) Abzeichen: 2 Sterne	

A 11	Erste/r Polizeihauptmeister/in (EPHM / EPHM'in) mit Amtszulage (nur in BW) Abzeichen: 6 Sterne	Polizeihauptkommissar/in (PHK / PHK'in) Abzeichen: 3 Sterne	
A 12		Polizeihauptkommissar/in (PHK / PHK'in) Abzeichen: 4 Sterne	
A 13		Erste/r Polizeihauptkommissar/in (EPHK / EPHK'in) Abzeichen: 5 Sterne	Polizeirat/-rätin (PR / PR'in) Abzeichen: 1 Sterne
A 14		Erste/r Polizeihauptkommissar/in (EPHK / EPHK'in) mit Amtszulage (nur BPOL) Abzeichen: 6 Sterne	Polizeioberrat/-rätin (POR / POR'in) Abzeichen: 2 Sterne
A 15			Polizeidirektor/in (PD / PD'in) Abzeichen: 3 Sterne
A 16 (ggf. B 2 / B 3)			Leitende/r Polizeidirektor/in (LPD / LPD'in) Abzeichen: 4 Sterne

Ein paar Besonderheiten:

- Anwärter tragen in der Regel eine Litze – einen „Strich" auf dem Schulterstück – in der Farbe ihrer Laufbahn (teils erst ab dem zweiten oder dritten Ausbildungsjahr).
- Laufbahnaufsteiger tragen solche Litzen oft zusätzlich. Beim Aufstieg vom mittleren in den gehobenen Dienst beispielsweise kommt dann zu den blauen Sternen eine aufschiebbare silberne Litze hinzu.
- Das Spitzenpersonal der Polizei (z. B. Präsidenten bzw. Präsidentinnen oder Hochschulleitungen) trägt auf ihren Schulterklappen goldene Sterne mit Eichenlaub, einer stilisierten Umrandung. Das höchstdekorierte Schulterstück zeigt vier goldene Sterne im Eichenlaub und wird je Dienstherr nur von einer einzigen Person getragen.

- Bei der Wasserschutzpolizei trägt man, unabhängig von der Laufbahn, bundesweit goldene Litzen („Tressen"). Diese unterscheiden sich je nach Besoldungsgruppe in ihrer Anzahl und Dicke.
- Ärzte des polizeiärztlichen Dienstes sind am Äskulapstab auf dem Schulterstück erkennbar.
- Mitglieder von Polizeiorchestern oder Polizeimusikkorps – das sind nicht zwingend Polizisten – geben sich durch eine Lyra (Zupfinstrument) zu erkennen.

Checkliste: Dein erster Tag

Um gut vorbereitet in den ersten Ausbildungs- oder Studientag zu starten, packe dir Folgendes in deine erste „Einsatztasche“:

- Schreibmaterialien: Stifte, Block, Schutzhüllen für wichtige Dokumente, Schnellhefter/Ordner, Locher, Tacker, Haftnotizen, Textmarker
- Ausweisdokumente und Führerschein
- Impfpass
- Persönliche medizinische Befunde (soweit vorhanden)
- Schwimmpass (soweit vorhanden)
- Bargeld für die Kantine, Pfandkarten oder Ähnliches (min. 50 €)
- Nachfüllbare Trinkflasche

Du hast eine Unterkunft auf dem Polizeigelände? Dann können dir ein paar Dinge den Aufenthalt deutlich komfortabler machen:

- Hygiene- und Kosmetikartikel, benötigte Medikamente, bei Bedarf Magnesium gegen Krämpfe
- Private Wäsche für eine Woche inkl. Badehose/-anzug, mehrere Sätze an Sportwäsche und Handtüchern
- Bettwäsche (wird teils gestellt, eigene ist schöner)
- Schuhe: Sneaker, Sportschuhe für Indoor und Outdoor, Badelatschen
- Lebensmittel: einfach zuzubereitende, haltbare Lebensmittel und Snacks für die ersten Tage (es gibt zwar grundsätzlich eine Kantine, die schließt aber nachmittags meist früh)

- Bei Bedarf: Tee, löslicher Kaffee oder eigene Kaffeemaschine (Vorsicht bei mitgebrachten Elektrogeräten, sie dürfen wegen des Brandschutzes meist nur in den Teeküchen installiert werden)
- Mehrfachsteckdose
- Smartphone mit passendem Datentarif, z. B. 20 GB (WLAN ist oft Mangelware)
- Laptop oder Tablet (kann gut mit dem Hotspot vom Smartphone gekoppelt werden, Lieblingsserien lassen sich auch im heimischen WLAN im Voraus herunterladen)
- Ladegeräte
- Ohrstöpsel gegen Lärm, ggf. Schlafbrille
- Persönliche Gegenstände (z. B. Lieblingskissen, Glücksbringer, Buch, Kopfhörer)
- Kleines Vorhängeschloss für Spinde (wird nur selten benötigt)
- Bei Bedarf gemütliche Schreibtisch-/Nachttischlampe (die Neonbeleuchtung in den Zimmern ist weniger gemütlich)

Checkliste: Start in den Beruf

Zu Ausbildungs- oder Studienbeginn erwartet dich allerhand Neues. Keine Panik, du musst natürlich nicht alles sofort erledigen. Vielleicht schaffst du es ja, dich in den ersten vier Wochen darum zu kümmern? Dann kannst du dich anschließend voll auf die Ausbildung oder das Studium konzentrieren.

Krankenkasse

¬ Welches System (Heilfürsorge / Beihilfe und Krankenkasse) gibt es bei meinem Dienstherrn?

¬ Heilfürsorge: Will ich bereits jetzt eine kleine oder große Anwartschaft für die Pension abschließen? Brauche ich eine Auslandskrankenversicherung? Will ich zusätzliche Bausteine privat versichern (Zähne, Brille, Heilpraktiker …)?

¬ Beihilfe: Welche (private) Krankenkasse ist für mich die richtige und wie hoch sind die Beiträge? Gibt es Extra-Bausteine?

Gewerkschaft

¬ Möchte ich in eine Gewerkschaft eintreten? Wenn ja, in welche?

Versicherungen

¬ Ist eine private Haftpflichtversicherung vorhanden? Bin ich noch über meine Eltern versichert und muss das nun angepasst werden?

¬ Ist eine Diensthaftpflichtversicherung gewünscht oder über die Gewerkschaft bereits abgedeckt?

¬ Brauche ich eine Unfallversicherung?

Altersvorsorge

¬ Möchte ich mich bereits jetzt um meinen Vermögensaufbau kümmern? Welche Strategie ist für mich die richtige?

Vermögenswirksame Leistungen

- Wie möchte ich die Leistungen mitnehmen, und bei welchem Anbieter schließe ich einen Vertrag ab oder eröffne ein Depot?

Steuererklärung

- Lege von Beginn an Quittungen und Rechnungen für Lehrmaterialien und zum Lernen genutzte Digitalgeräte (z. B. Bücher und Laptop) zur Seite und notiere die Anzahl deiner Fahrten zur Ausbildungsstelle.

Ausgleichszahlungen

- Prüfe, ob dir bereits Reisekostenentschädigungen, eine Umzugspauschale oder Trennungsgeld zusteht und beachte die Antragsfristen.

Quellenverzeichnis

[1] www.destatis.de/DE/Presse/Pressemitteilungen/2020/09/PD20_N057_742.html, abgerufen am 12.10.2023

[2] www.bundespolizei.de/Web/DE/05Die-Bundespolizei/07Daten-Fakten/Daten-Fakten_node.html, abgerufen am 12.10.2023

[3] www.destatis.de/DE/Themen/Staat/Oeffentlicher-Dienst/Tabellen/beschaeftigte-geschlecht.html?nn=212936, abgerufen am 12.10.2023

[4] https://taz.de/Aerger-ueber-Polizeiparty-in-Hamburg/!5425200/, abgerufen am 12.10.2023

[5] www.sueddeutsche.de/muenchen/muenchen-polizei-drogenskandal-koks-kokain-1.5525882, abgerufen am 12.10.2023

[6] www.dw.com/de/neuer-polizei-skandal-schl%C3%A4gt-hohe-wellen/a-54956076, abgerufen am 12.10.2023

[7] www.sueddeutsche.de/politik/sachsen-polizeiskandal-munition-1.5251722, abgerufen am 12.10.2023

[8] www.fr.de/rhein-main/landespolitik/strukturelle-probleme-bei-der-polizei-in-hessen-90797892.html, abgerufen am 12.10.2023

[9] www.swp.de/baden-wuerttemberg/sex-skandal-bei-polizei-der-ranghoechste-polizist-in-baden-wuerttemberg-muss-vor-gericht-_-70274655.html, abgerufen am 12.10.2023

[10] www.deutsche-rentenversicherung.de/SharedDocs/Downloads/DE/Statistiken-und-Berichte/statistikpublikationen/aktuelle_daten.pdf?__blob=publicationFile&v=8, abgerufen am 12.10.2023

[11] https://mediendienst-integration.de/fileadmin/Vielfalt_bei_der_Polizei_2022.pdf

[12] de.statista.com/themen/293/durchschnittseinkommen/, abgerufen am 12.10.2023

[13] www.destatis.de/DE/Presse/Pressemitteilungen/2020/09/PD20_N057_742.html

[14] Nachreiner, F.; Wirtz, A.; Browatzki, D.; Dittmar, O. & Schomann, C. (2010): Lebensarbeitszeit, Schichtdienst und Gesundheit – Ergebnisse einer Pilotstudie bei der Polizei. In Groß, H. & Seifert, H. (Hrsg.): Zeitkonflikte. Renaissance der Arbeitszeitpolitik Bd. 115. (S. 115–135). Berlin: edition sigma.

[15] https://flensburgjournal.de/nach-messerattacke-polizei-erschiesst-angreifer/, abgerufen am 12.10.2023

Ausbildungspark Verlag GmbH

Bettinastraße 69 • 63067 Offenbach am Main
Tel. (069) 40 56 49 73 • Fax (069) 43 05 86 02
E-Mail: kontakt@ausbildungspark.com
Internet: www.ausbildungspark.com

Testtrainer spezial

Prinzip verstanden, Aufgabe gelöst!

Optimal vorbereitet – für alle Prüfungsthemen: Die „Testtrainer spezial" zeigen kompakt und verständlich, wie du jede Aufgabe „knackst".

Zahlreiche Aufgaben: mit Erklärungen, Beispielen und Bearbeitungstipps.

Kommentierte Lösungen: Hintergründe und Zusammenhänge auf dem aktuellen Stand.

Originale Musterprüfungen: Bist du fit für deinen Test?

Bestseller

Testtrainer Allgemeinwissen

364 Seiten

ISBN 978-3-95624-047-8

Testtrainer Konzentration und Merkfähigkeit

306 Seiten

ISBN 978-3-95624-045-4

Bestseller

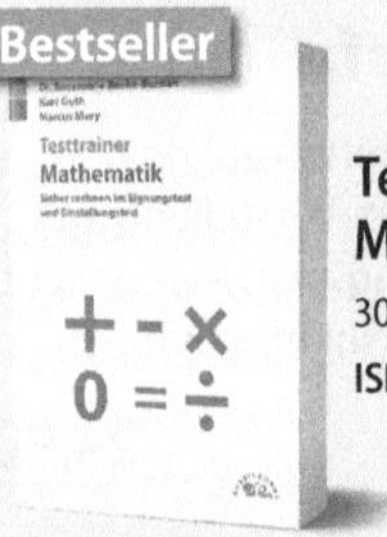

Testtrainer Mathematik

308 Seiten

ISBN 978-3-95624-027-0

Testtrainer Deutsch

230 Seiten

ISBN 978-3-95624-042-3

Bestseller

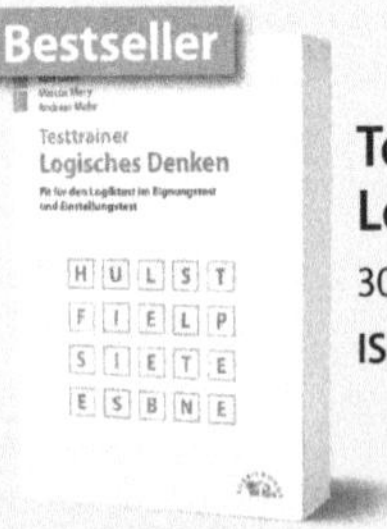

Testtrainer Logisches Denken

304 Seiten

ISBN 978-3-95624-050-8

Testtrainer Technisches Verständnis und Visuelles Denken

324 Seiten

ISBN 978-3-95624-090-4

je 18,90 €